www.gosinet.co.kr

수험서의 혁명이다

제과 제빵
기능사 실기

기출중심
문제은행

한국고시회
gosinet
(주)고시넷

머리말

　현대인들의 식생활은 다양한 사회활동으로 인해 점차 편리하고 맛있게 먹을 수 있는 것을 찾는 경향이 나타나고 있어 주식의 개념이 빵과 과자류로 확대되고 있습니다. 이로 인하여 빵과 과자를 직접 만들려는 관심도 높아졌고, 교육하는 기관들도 다양한 형태로 자리매김하고 있으나 제과제빵에 대한 보다 쉽고 효율적인 교육을 제공하는 기관이 부족한 것 또한 사실입니다.

　기능은 오랜 경험을 통해서 습득이 가능합니다. 따라서 본 교재는 저자들의 오랜 경험을 토대로 제과제빵 기능 검정실기 시험을 보다 더 쉽게 준비할 수 있도록 구성되어 있습니다. 이를 위해 제과제빵 이론을 설명하는 사진을 많이 넣어 제품을 만들 때 또는 실기 시험장에서 갑작스럽게 생길 수 있는 의문점 등을 해결할 수 있도록 하였습니다.

　제과제빵 자격증취득을 위한 실기시험 출제품목들은 기본적인 실기 능력 여부를 테스트하는 것입니다. 여러 가지 시험품목을 표준화된 방법으로 제조하면서 현장실무에 필요한 가장 기본적인 기술과 지식을 습득하고 익히기 위한 과정을 체계적으로 하기위하여 치열한 토론과 공동작업을 거쳐 완성된 교재입니다. 현장경험을 바탕으로 한 전문연구자와 교수로 구성된 집필자들은 각자의 전문성을 살려 다음과 같은 원칙을 가지고 학생들의 눈높이에 맞춘 교재를 집필하도록 노력하였습니다.

1. 기본에 충실하여 기술능력을 향상시킬 수 있도록 특정동작들을 상세히 볼 수 있도록 하여 중요한 동작을 자세히 공부할 수 있도록 하였습니다.
2. 각 실시품목별 제한시간과 제출량 및 작품 제출 시 요령 등을 기재하여 시험시간의 활용과 전체적인 계획을 세울 수 있도록 하였습니다.
3. 제품마다 중요한 팁과 O.T 동영상을 통해 제조직전에 수행해야 할 동작들을 이해하기 쉽게 설명하여 기술적인 방법을 이해하는데 도움이 되도록 하였습니다.
4. 각 제품별 반복되는 기초적인 동작들을 자세하게 기재하였고, 반복된 설명을 통하여 중요한 포인트의 이해를 돕도록 하였습니다.
5. 자격증취득을 위한 최적화된 방법을 설명하여 빵과 과자를 공부하는 모든 분들이 이 책을 통하여 최소한의 시간으로 원하는 목표를 취득할 수 있는 체계적인 실습교재로 활용할 수 있기를 바랍니다.

　바야흐로 먹거리가 세간의 관심을 집중시키는 시대가 되어 많은 일자리와 창업의 중심에 있습니다. 사회문화와 기술 등의 모든 영역이 새로운 개념들로 재구성되어지는 요즘 우리의 인류와 역사는 유래 없는 많은 변화를 겪는 중입니다. 4차 산업을 중심으로 변화의 시대에 미래에 대한 호기심과 기대가 넘치는 요즘 제과제빵의 미래또한 그리 밝지 못합니다. 이 책을 통하여 부디 많은 훌륭한 학생들의 제과제빵업계에 종사할 수 있게 되어 4차 산업혁명의 중심에서 좀 더 밝은 미래를 만들 수 있길 희망합니다.

　끝으로 출판을 허락하신 고시넷 김 뜻 대표님과 제품공정을 촬영해 주신 정운우 교수님, 전 공정을 동영상 촬영해주신 김준영 실장님, 각종 기자재의 협찬을 해주신 J1J 지도선 이사님과 유난히도 무더운 여름, 촬영을 위해 장소를 협찬과 협조해주신 중부기술교육원 관계자 여러분들께 지면을 통해 감사의 인사를 드립니다.

저자일동

제과제빵기능사 수검안내

필기시험 안내(http://www.q-net.or.kr 인용)

필기시험 원서 접수	접수기간 내에 인터넷을 이용하여 원서접수 1. http://www.q-net.or.kr 회원가입 후 필히 사진등록 2. 지역에 관계없이 원하는 시험장 선택 가능 3. 상시검정 시행(1월초~12월) : 접수시간은 회별 원서접수 첫날 10:00~ 마지막 날 18:00까지 4. 시험일정 안내 : 한국기술자격검정원(http://www.ktitq.or.kr)에서 확인
수험사항 통보	• 수험일시와 장소는 접수 즉시 통보됨 • 본인이 신청한 수험장소와 종목이 수험표의 기재사항과 일치 여부 확인
제과기능사, 제빵기능사 필기시험 과목	재료과학, 영양학, 식품위생, 제조이론을 중심으로 60문항씩 출제
필기시험 시험 당일 유의사항	• 입실시간 미준수시 시험응시 불가 • 수험표, 신분증, 계산기, 필기구(흑색 싸인펜 등) 지참
시험 수수료	• 필기 : 11,900원(제과, 제빵 동일) • 실기 : (제과기능사 : 29,500원, 제빵기능사 : 33,000원)
합격자 발표	• 큐넷(www.q-net.or.kr) 로그인 후 확인(발표일부터 2개월간) • ARS(1666-0510)에서 수험번호를 누르고 조회(실기시험 7일간 안내함) • 필기시험은 60문항 중에 36문항 이상 합격

실기시험 안내(http://www.q-net.or.kr 인용)

실기시험 원서 접수	접수기간 내에 인터넷을 이용하여 원서접수 1. http://www.q-net.or.kr 회원가입 후 필히 사진등록 2. 지역에 관계없이 원하는 시험장 선택 가능
필기시험 합격처리 된 사람에 한하여 실기시험	접수가 가능
실기시험 시험일자 및 장소 안내	• 접수시 수험자 본인이 원하는 장소 선택 • 먼저 접수하는 수험자가 시험장소와 시간의 선택의 폭이 넓다.
시험 수수료	• 필기 : 11,900원(제과, 제빵 동일) • 실기 : (제과기능사 : 29,500원, 제빵기능사 : 33,000원)
합격자 발표	• 큐넷(www.q-net.or.kr), ARS, 접수지사에 게시 공고 • 실기 시험은 100점 만점에 60점 이상

제과제빵기능사 실기시험 출제기준

제과기능사

1. 출제기준
① 개인위생과 주변정리 복장확인 철저
② 재료계량 : 개량시간(숙련도), 재료개량시의 손실(재료흘림), 개량정확도,
③ 믹싱방법 : 제품공정, 혼합(믹싱)순서, 기계조작(미숙) 및 믹싱시간의 적합성, 반죽상태 등
④ 반죽온도 조절 : 제시한 반죽온도 맞추기, 사용할(계산된) 물 온도산출, 중탕하는 방법
⑤ 반죽비중 측정 : 반죽비중 측정(공식과 답을 적는다)
⑥ 패닝(반죽을 틀에 맞게 넣기) : 제시된 양과 개수에 맞게 패닝
⑦ 성형 : 지정된 모양으로 성형하며 신속정확하게 만든다(성형중량 및 크기).
⑧ 굽기 : 제품에 알맞은 오븐 조작법과 구워진 제품의 상태에 맞는 온도와 시간의 조절
⑨ 튀김 : 튀김기 조작 적합성, 튀겨진 제품의 상태
⑩ 제출 : 제시된 팬에 전량을 제출한다.

2. 실기품목(총28품목)

순번	제품명	시험시간	제출량	page
1	시퐁 케이크(시퐁팬)	1시간30분	4개	
2	젤리 롤 케이크	1시간30분	1팬	
3	타르트	2시간50분	8개	
4	소프트 롤 케이크	1시간50분	1팬	
5	버터스펀지케이크(공립법)	1시간50분	4개	
6	버터스펀지케이크(별립법)	1시간50분	4개	
7	다쿠아즈	1시간50분	35~40개(2팬)	
8	마드레느	1시간50분	50개(2팬)	
9	파운드 케이크	2시간30분	4개	
10	데블스 푸드 케이크	1시간50분	4개	

11	옐로 레이어 케이크	1시간50분	4개
12	과일 케이크	2시간30분	3개
13	초코머핀	1시간50분	20~24(1팬)
14	브라우니	1시간50분	2개
15	멥쌀 스펀지케이크	1시간50분	4개
16	마데라(컵)케이크	2시간	20~24(1팬)
17	슈	2시간	2~3팬
18	버터쿠키	2시간	3팬
19	찹쌀도넛	1시간50분	22개
20	쇼트브레드 쿠키	2시간	2팬
21	마카롱 쿠키	2시간10분	2팬
22	퍼프 페이스트리	3시간30분	30(2팬)
23	사과 파이	2시간30분	2팬
24	밤과자	3시간	30(2팬)
25	치즈케이크	2시간 30분	20개
26	호두파이	2시간 30분	7개
27	초코롤	1시간 50분	1개
28	흑미 롤 케이크(공립법)	1시간 50분	1개

3. 주의사항(감점사항)

(1) 개인위생과 복장을 단정하게 한다. 지정된 까운과 머리망, 모자, 신발, 앞치마, 손톱과 액세서리(시계, 반지, 귀고리 등)를 반드시 확인한다.
  ① 깨끗한 위생복을 입고 위생모를 쓴다.
  ② 손톱과 머리를 단정하고 청결히 유지한다.
  ③ 주변정리와 정리정돈

(2) 재료계량 : 정해진 개량시간(숙련도), 재료손실(재료흘림), 개량정확도(검산)
  ① 제한시간을 반드시 지킨다.
  ② 각 재료를 정확히 계량해 진열대 위에 각각 따로따로 놓는다(계량대, 재료대, 작업대 주변 바닥에 재료를 흘리지 않도록 조심한다).
  ③ 제시된 지정된 용기와 종이에 개량한다.
  ④ 통상 3가지의 재료를 검산하므로 이에 잘 따른다.

(3) 믹싱
　① 요구사항에서 제시한 방법에 따라 반죽한다.
　② 요구된 반죽온도에 맞춘다(±1).
　③ 완제품의 개수와 양을 확인한다(전량을 사용한다).

(4) 성형
　① 밀어펴기 : 적절한 양의 덧가루를 사용하여 원하는 틀에 맞게 밀어펴기
　② 틀에 넣기 : 반죽의 특성에 맞게 제시된 팬에 알맞은 양으로 패닝하기
　③ 짜기 : 짤주머니를 이용하여 반죽을 채우고, 철판을 깨끗이 닦아 기름칠을 한 뒤 크기, 두께, 간격을 일정하게 맞추어 짜낸다. 이때 반죽의 전량을 사용하여 성형한다.
　④ 페이스트리 접기 : 반죽을 충전용유지를 넣어 균일한 크기로 밀어편다. 밀어편 반죽의 두께가 고르고 반죽의 모양이 직사각형을 이루면서 밀어 펴기 한다. 페이스트리를 밀어펴서 접을 때에는 덧가루를 잘 털어내고, 3단 접기를 할 때마다 냉장 휴지시킨다. 이때 넓게 밀어 펴 표면이 마르지 않도록 비닐에 잘 싸서 냉장 휴지한다.
　⑤ 찍기 : 제시된 모양과 크기에 알맞은 두께로, 모서리가 직각을 이루도록 밀어 편다. 정형틀이나 칼을 이용, 모양을 뜬다. 이때 반죽의 전량을 사용하여 성형하며, 덧가루를 잘 털어낸다.

(5) 패닝
　① 적절한 팬에 맞게 패닝한다.
　② 요구사항에 맞는 중량, 크기, 개수에 맞게 전량을 사용한다.
　③ 철판을 사용할 때에는 적절한 간격과 크기를 잘 맞추어 패닝한다.

(6) 굽기
　① 각 제품의 특성에 알맞은 조건에서 굽는다.
　② 굽기 도중 윗면색으로 보며 가장자리와 중앙이 온도차를 보이면 꺼내 틀의 위치를 바꾸고 굽는다.
　③ 너무 오래 구워 건조하거나, 타거나 속이 설익은 부분이 있어서는 안된다.
　④ 굽기가 완료된 제품은 꺼내어 35~40℃ 정도로 식힌다.

(7) 작업 중의 주변정리, 정돈
　① 작업중에도 중간중간 사용한 기구와 작업대는 물론 주위를 깨끗이 치우며 작업한다.
　② 사용한 기구는 한곳으로 치워 작업하기 좋은 환경으로 만든다.

(8) 제출 : 지정한 팬에 담아 전량을 제출한다.

(9) 제품평가
　① 부피 : 전체 크기와 부피감이 알맞은 비율이다.
　② 균형 : 어느 한쪽이 찌그러지거나 솟지 않고, 나온 제품이 모두 대칭을 이루어야 한다.
　③ 껍질 : 먹음직스러운 색을 띠고, 옆면과 바닥에도 구운 색이 들어야 한다.
　④ 내부 : 잘랐을 때 기공과 조직이 균일하다. 기공이 너무 크거나 조밀하지 않아야 한다.
　⑤ 맛과 향 : 각 제품 특유의 좋은 맛과 향이 난다. 속이 덜익어 끈적거리거나 익지 않은 생재료의 맛이 나거나, 제품을 태우지 않는다.

제빵기능사

1. 출제기준

① 개인위생과 주변정리 복장확인 철저
② 재료계량 : 정해진 계량시간(숙련도), 재료손실(재료흘림), 계량정확도(검산)
③ 믹싱방법 : 혼합순서, 반죽의 발전상태, 반죽온도 조절, 최종반죽의 상태
④ 반죽온도 조절 : 적절한 물온도를 맞추어 제시된 반죽 온도 맞추기, 얼음사용량
⑤ 1차 발효 : 적절한 발효실 온도 및 습도관리, 1차 발효점 확인법, 발효시간 관리
⑥ 성형 : 신속, 정확한 숙련도가 중요하며 분할 및 둥글리기, 중간발효, 성형이 제시된 기준에 맞도록 한다.
⑦ 팬닝 : 제시된 팬을 이용하여 양과 개수에 맞게 팬닝
⑧ 2차 발효 : 발효실 관리, 온도 및 습도, 2차 발효점 확인방법
⑨ 굽기 : 제품에 알맞은 오븐조작법과 구워진 제품의 상태에 맞는 온도와 시간 관리
⑩ 작업 중의 주변정리, 정돈
⑪ 제품평가
  ㉠ 부피 : 분할무게와 비교해 외부의 부피가 일정하며 크기가 알맞아야 한다.
  ㉡ 균형 : 제품의 균일한 균형이 중요하며 찌그러짐이 없어야 한다. 나온 제품이 모두 대칭을 이루어야 한다.
  ㉢ 껍질 : 황금갈색의 고르고 균일한 색깔이 나며, 반점과 줄무늬가 없어야 한다. 먹음직스러운 색을 띠고, 옆면과 바닥에도 구운 색이 들어야 한다.
  ㉣ 내부 : 잘랐을 때 내부의 기공과 조직이 너무 크거나 너무 조밀하지 않으며 고르고 균일하며 밝은 색을 띠어야 한다.
  ㉤ 맛과 향 : 각 제품 특유의 좋은 맛과 향이 난다. 덜익어 끈적거리거나 익지 않은 생재료의 맛이 나거나, 제품을 타지 않도록 한다.

2. 실기품목(총27품목)

순번	제품명	시험시간	제출량	page
1	식빵(비상스트레이트법)	2시간 40분	4개	
2	우유식빵	4시간	4개	
3	건포도식빵	4시간	5개	
4	옥수수식빵	4시간	4개	
5	호밀빵	4시간	6개	
6	풀먼 브레드	4시간	5개	
7	버터톱식빵	3시간30분	5개	

8	버터롤	4시간	48개
9	밤식빵	4시간	5개
10	단과자빵(트위스트형)	4시간	48개
11	소보로빵	4시간	48개
12	크림빵	4시간	48개
13	스위트롤	4시간	3판
14	햄버거빵	4시간	34개
15	단팥빵(비상스트레이트법)	3시간	45개
16	모카빵	4시간	9개
17	프랑스빵	4시간	9개
18	그리시니	2시간30분	43개
19	더치빵	4시간	6개
20	빵도넛	3시간	47개
21	베이글	3시간30분	16개
22	브리오슈	3시간30분	52개
23	소세지빵	4시간	18개
24	데니시 페이스트리	4시간30분	4~5판
25	쌀식빵	4시간	4개
26	통밀빵	4시간	18개
27	페이스트리식빵	4시간30분	5개

3. 주의사항

(1) 개인위생과 복장을 단정하게 한다. 지정된 까운과 머리망, 모자, 신발, 앞치마, 손톱과 액세서리(시계, 반지, 귀고리 등)를 반드시 확인한다.
　① 깨끗한 위생복을 입고 위생모를 쓴다.
　② 손톱과 머리를 단정하고 청결히 유지한다.
　③ 주변정리와 정리정돈

(2) 재료계량 : 정해진 개량시간(숙련도), 재료손실(재료흘림), 개량정확도(검산)
　① 제한시간을 반드시 지킨다.
　② 각 재료를 정확히 계량해 진열대 위에 각각 따로따로 놓는다(계량대, 재료대, 작업대 주변 바닥에 재료를 흘리지 않도록 조심한다).

③ 제시된 지정된 용기와 종이에 개량한다.
④ 통상 3가지의 재료를 검산하므로 이에 잘 따른다.

(3) 믹싱
① 요구사항에서 제시한 방법에 따라 반죽한다.
② 혼합순서, 반죽의 발전상태, 제시된 반죽온도(±1)에 따른다.
③ 최종반죽의 상태
④ 완제품의 개수와 양을 확인한다(전량사용).

(4) 반죽온도 조절 : 제시한 반죽온도 맞추기, 마찰계수 산출, 사용할(계산된) 물 온도산출, 얼음사용량 산출

(5) 1차 발효 : 적절한 발효실 온도 및 습도관리, 1차 발효점 확인법

(6) 분할하기 : 요구사항에서 제시한 무게로 분할한다(가능한 신속정확하게 분할하고 비닐을 덮어 마르지 않도록 주의한다).

(7) 둥글리기
① 반죽 표면이 매끄럽도록 둥글린다.
② 반죽에 최소한의 덧가루를 사용한다.
③ 표피가 터지지 않도록 둥글린다.

(8) 중간발효
① 비닐을 덮어 표면이 마르지 않도록 주의하며 통상 실온에서 10~15분간 발효시킨다.
② 성형의 공정이 길 경우 중간에 한 두번씩 반복한다.

(9) 성형
① 숙련도 및 정확성, 분할 및 둥글리기, 중간발효, 성형
② 반드시 제시된 모양과 크기에 따른다.
③ 시험시간에 알맞게 제품을 만들도록 한다.

(10) 패닝
① 적절한 팬을 사용하는 방법을 익힌다.
② 깨끗하게 준비된 틀이나 철판에 기름을 칠한다.
③ 성형 반죽의 이음매가 틀 바닥에 닿도록 하고, 같은 종류의 모양끼리 일정한 간격을 두고 패닝한다.

(11) 2차 발효
① 각 제품의 특성에 알맞은 온도와 습도를 유지하며 2차 발효한다.
② 반죽의 가스보유력이 최대인 2차 발효 완료상태를 확인한다.

(12) 굽기
① 오븐의 위치에 따라 껍질의 색이 고르지 않을 경우 중간에 팬의 위치를 돌려 바꿔준다.
② 껍질색이 전체적으로 황금갈색을 띠도록 온도와 시간을 관리한다.
③ 언더베이킹, 오버베이킹이 되지 않도록 주의한다.

(13) 뒷정리, 개인위생

    ① 작업대는 물론 주위를 깨끗이 치우고 청소한다.

    ② 깨끗한 위생복을 입고 위생모를 쓴다.

    ③ 머리를 단정하게 하고 손톱과 악세사리(반지, 시계, 목걸이, 귀고리 등)를 확인한다.

(14) 제품평가

    ① 부피감 : 분할무게와 비교해 외부의 부피가 일정하며 크기가 알맞아야 한다.

    ② 균형감 : 제품의 균일한 균형이 중요하며 찌그러짐이 없어야 한다. 나온 제품이 모두 대칭을 이루어야 한다.

    ③ 껍질 : 황금갈색의 고르고 균일한 색깔이 나며, 반점과 줄무늬가 없어야 한다. 먹음직스러운 색을 띠고, 옆면과 바닥에도 구운 색이 들어야 한다.

    ④ 내부 : 잘랐을 때 내부의 기공과 조직이 너무 크거나 너무 조밀하지 않으며 고르고 균일하며 밝은 색을 띠어야 한다.

    ⑤ 맛과 향 : 각 제품 특유의 좋은 맛과 향이 난다. 덜익어 끈적거리거나 익지 않은 생재료의 맛이 나거나, 제품을 타지 않도록 한다.

2018년도 제과제빵기능사 실기시험 변경

1. 2018년도 위생 기준 상세 안내

- 위생기준에 적합하지 않을 경우, 감점처리 되오니 규정에 맞는 복장을 준비하시어 시험에 응시하시기 바랍니다.
  - 위생기준은 제품의 위생과 수험자의 안전을 위한 사항임을 참고하여 주시기 바랍니다.

순번	재료명	규격	[기존]2016년	[변경]2018년
①	위생복	흰색 (상,하의)	흰색 하의는 흰색 앞치마로 대체 가능(흰색 위생복 상의 – 흰색 위생복 하의) 또는 (흰색 위생복 상의 – 흰색 앞치마) – 기관 및 성명 등의 표식 없을 것	• 기관 및 성명 등의 표식 없을 것 • 흰색하의는 흰색앞치마로 대체 가능하나, 화상 등의 안전사고 방지를 위하여 앞치마 안의 하의가 반바지, 짧은 치마 등 부적합한 복장일 경우는 감점처리
②	위생모	흰색	흰색 머릿수건으로 대체 가능 – 기관 및 성명 등의 표식 없을 것	• 기관 및 성명 등의 표식 없을 것 • 흰색 머릿수건으로 대체 가능하나, 일반 제과점에서 통용되는 위생모, 머릿수건이 아닌 경우는 감점처리 ※ 위생모가 아닌 흰색 비니모자, 털모자 등은 감점처리
③	신발	작업화	미끄러짐 및 화상의 위험이 있는 슬리퍼류, 작업에 방해가 되는 굽이 높은 구두(하이힐) 등 금지 – 기관 및 성명 등의 표식 없을 것	• 기관 및 성명 등의 표식 없을 것 • 미끄러짐 및 화상의 위험이 있는 슬리퍼류, 작업에 방해가 되는 굽이 높은 구두(하이힐), 제과점에서 통용되는 작업화가 아닌 경우는 감점처리 ※ 속굽있는 운동화 등은 감점처리
④	장신구 착용 시 감점		이물, 교차오염 등의 식품위생 위해 장신구(귀걸이, 시계, 팔찌, 반지 등) 착용 금지	• 이물, 교차오염 등의 원인 장신구 착용 금지(귀걸이, 시계, 팔찌, 반지 등)
⑤	두발		청결할 것	• 머리카락이 길 경우, 머리카락이 흘러내리지 않도록 단정히 묶거나 머리망 착용하여야 하며, 위생적이지 못할 경우 감점처리
⑥	손톱		청결할 것	• 청결해야 하며, 오염될 수 있는 매니큐어 등은 감점처리

2. 각 과제별 얼음의 용도 안내

- 지급재료 중 얼음(식용, 겨울철 제외)은 반죽온도를 낮추는 반죽온도조절용으로 지급되므로, 얼음물을 사용하여 반죽의 온도를 낮추는 용도로만 활용하시기 바랍니다.
  - 이 외의 변칙적인 방법으로써 얼음물을 믹서기볼 밑바닥에 받치어대는 등의 방법은 안전한 시행을 위하여 사용을 금합니다. 만약 수험생이 변칙적인 방법을 사용할 경우 감점처리 됩니다.

3. 수험자 유의사항 안내

- 채점대상에서 제외되는 기준을 아래와 같이 상세하게 안내하여 드리오니, 참고하여 주시기 바랍니다.

미완성	• 시험시간 내에 작품을 제출하지 못한 경우
기권	• 수험자 본인이 수험 도중 기권한 경우
실격	• 작품의 가치가 없을 정도로 타거나 익지 않은 경우 • 주요 요구사항(수량, 모양, 반죽제조법)을 준수하지 않았을 경우 • 지급된 재료 이외의 재료를 사용한 경우 • 시험 중 시설·장비의 조작 또는 재료의 취급이 미숙하여 위해를 일으킬 것으로 감독위원 전원이 합의하여 판단한 경우

차례

 제과이론 xviii

 제빵이론 xxiii

 제과

과일케이크 002

다쿠와즈 006

데블스푸드 케이크 010

마데라(컵) 케이크 014

마드레느 018

마카롱 쿠키 022

멥쌀스펀지 케이크 (공립법) 026

밤과자 030

버터스펀지 케이크 (공립법) 034

차례

버터스펀지 케이크(별립법) 038

버터 쿠키   042

브라우니   046

사과파이   050

소프트롤 케이크   056

쇼트브레드 쿠키   060

슈   064

시퐁 케이크(시퐁법)   068

옐로레이어 케이크   072

젤리롤 케이크   077

찹쌀도넛   080

초코머핀(초코컵 케이크)   084

치즈 케이크 088

타르트 092

파운드 케이크 096

퍼프 페이스트리 100

호두파이 104

초코롤 108

흑미쌀 롤 케이크(공립법) 112

제빵

건포도식빵 118

그리시니 122

단팥빵(비상스트레이트법) 126

차례

더치빵　130

데니시 페이스트리　134

모카빵　140

밤식빵　144

버터롤　150

버터톱식빵　154

베이글　158

불란서빵(프랑스빵)　162

브리오슈　166

빵도넛　170

단과자빵(소보로빵)　174

소시지빵　178

스위트롤　182

식빵(비상스트레이트법)　186

쌀식빵　190

옥수수식빵　194

우유식빵　198

단과자빵(크림빵)　202

단과자빵(트위스트형)　206

풀만식빵　210

햄버거빵　214

호밀빵　218

통밀빵　222

페이스트리식빵　226

사용 도구

제과이론

제1절 · 제과의 개요

1 제과

일반적으로 이스트가 사용되지 않는 제품을 과자라 한다. 밀가루, 유지, 설탕을 주원료하며 그 외에 유제품이나 계란, 화학적 팽창제를 적절하게 사용하여 먹을 수 있는 상태로 제조한 형태를 가진 주식 이외의 먹는 기호식품을 말한다.

〈과자와 빵의 차이점〉

항목	과자	빵
이스트	사용하지 않음	사용함
밀가루의 종류	박력분	강력분
설탕의 양	많음	적음
반죽의 상태	유동성이 있음	유동성이 없음

2 제과의 영역

제과는 이스트 사용하지 않으며 팽창제로 B.P, B.S를 사용한다.
　① 레이어케이크 : 옐로우, 데블스후드, 초콜릿케이크
　② 파운드케이크 : 일반 파운드, 과일케이크, 컵케익
　③ 스폰지케이크 : 버터 스폰지 케이크류, 젤리롤, 카스테라 등
　④ 페이스트리류 : 각종 파이
　⑤ 도우넛 : 찹쌀도넛, 케이크 도넛과 이에 사용되는 충전물 글레이즈 포함
　⑥ 기타류 : 초콜릿 제품, 냉과류, 크림류, 데코레이션케이크, 공예과자

제2절 · 제과 반죽의 믹싱법

1 제조방법

(1) 크림법(creaming method) : 파운드, 초코머핀, 옐로우레이어 케이크 등
　① 반죽형의 가장 일반적인 믹싱방법이다.
　② 유지와 설탕을 부드럽게 크림화한 뒤 계란을 서서히 나누어 투입한다.
　③ 밀가루 등 체친 가루재료를 넣고 자르듯이 균일하게 혼합한다.
　④ 부피가 우선시 되는 제품의 제조법으로 사용된다.

(2) 블렌딩법(blending method)-데블스 푸드 케이크
  ① 밀가루와 유지를 자르듯이 믹싱하여 밀가루가 잘린 유지에 피복되도록 한다.
  ② 건조재료, 액체재료 일부를 넣고 균일하게 믹싱한 후 나머지 액체재료 넣는다.
  ③ 부드러움을 우선시 되는 제품에 사용된다.

(3) 설탕/물법(sugar/water method)
   ① 전체 설탕량의 50%의 물을 사용하여 포화용액을 만들고 건조재료를 투입하여 공기포집이 될 때까지 혼합한다.
   ② 양산업체에서는 계량이 용이하며 균일한 제품을 만들 때 주로 사용한다.

(4) 단단계법(single stage method)
   ① 모든 재료를 한꺼번에 넣고 믹싱하여 노동력과 시간이 절약된다.
   ② 믹서(mixer)의 성능과 믹싱시간이 반죽의 특성을 지배한다.

2 거품형 케이크 믹싱법

(1) 공립법
   ① 계란(전란)을 거품을 낸다.
   ② 거품형에서 가장 기본적인 방법이다.
   - 더운 믹싱법 : 중탕으로 계란과 설탕을 넣고 가열하여 37~43℃까지 데운 뒤 거품을 내는 방법이다.
   - 찬 믹싱법 : 중탕없이 계란과 설탕의 거품을 내는 방법이다.

(2) 별립법
   ① 노른자와 흰자를 따로 분리하여 제조하는 방법이다.
   ② 흰자의 구조력을 이용하여 거품을 올린다.
   ③ 제품의 부피를 우선시하는 제품을 만들 때 이용한다.
   ④ 흰자를 이용하여 머랭을 만들 때 약간의 노른자나 지방성분도 없도록 주의해야 한다.

(3) 단단계법
　① 모든 재료를 한번에 반죽하는 방법으로 노동력, 시간, 설비가 감소한다.
　② 기포 유화제 사용하고, 액체재료는 마지막에 투입한다.

3 반죽의 비중(specific gravity of batter)

(1) 비중
　① 구하는 공식
$$\text{반죽의 비중} = \frac{\text{반죽 무게}}{\text{물의 무게}}$$

　② 비중 계산 연습하기
　　비중컵 무게=40g, 비중컵+물=240g, 비중컵+반죽=130g인 경우
$$\text{비중} = \frac{\text{반죽 무게}}{\text{물의 무게}} = \frac{130-40}{240-40} = \frac{90}{200} = 0.45$$

(2) 반죽의 비중 측정방법
　① 비중컵의 무게를 측정하고
　② 비중컵의 윗면에 수평이 되도록 천천히 물을 채우고 무게 측정한다.
　③ 비중컵의 윗면에 수평이 되도록 반죽을 넣고 스크래퍼나 스패튤라로 위면을 평평하게 깎아 낸 후 무게 측정

(3) 비중이 제품에 미치는 영향
　① 비중이 높으면 제품이 작고 무겁다. 반대로 낮으면 크고, 가볍다.
　② 비중이 낮으면 반죽 안에 공기가 많아 기공이 거칠고 반대면 내부 기공이 조밀하다.
　③ 크기가 균일하고 일정한 제품을 만들기 위해서는 적정비중을 맞춰야 한다.

(4) 반죽량과 팬용적
반죽의 비중에 따라 팬에 담는 패닝의 양이 달라지므로 팬의 용적을 알아둔다.
일반적으로 패닝의 양은 팬높이의 60~70% 정도 패닝한다.

(5) 반죽온도조절
좋은 제품을 만들기 위해서는 정확한 반죽완료온도를 맞추는 것이 필요하다. 따라서 반죽온도를 맞추기 위한 노력을 해야 한다.
　① 반죽온도가 낮은 경우 : 부피가 작고 식감이 나쁨.
　② 반죽온도가 높은 경우 : 기공이 열려 내상이 거칠고 노화가 빠르다.

4 굽기(Baking)

(1) 온도조절하기
　　① 낮은 온도 : 고율배합 - 반죽량이 많은 경우
　　② 높은 온도 : 저율배합 - 반죽량이 적은 경우

(2) 굽기 중 제품의 현상
　　① 오버 베이킹(over baking) : 표준보다 낮은 온도에서 구우면 윗면이 평평하고 조직이 부드러우며 수분 손실이 크다(색이 흐리며 수분이 적어 뻣뻣함).
　　② 언더 베이킹(under baking) : 표준보다 높은 온도에서 구우면 조직이 거칠고 겉면만 설익어 주저앉기 쉽다(겉면은 색이 진하고 속은 익지 않을 수 있다).

(3) 구하는 공식
먼저 마찰계수를 구하고 온도를 맞추기 위한 물온도(사용수)를 구한다. 만약 사용해야 하는 온도가 낮을 경우 얼음사용량을 구하는 공식으로 양을 정한다.
　　① 마찰계수 = 결과온도 × 6 - (실내온도 + 밀가루온도 + 설탕온도 + 유지온도 + 계란온도 + 수돗물온도)
　　② 사용수온도 = 희망온도 × 6 - (실내온도 + 밀가루온도 + 설탕온도 + 유지온도 + 계란온도 + 마찰계수)
　　③ 얼음 사용량 = $\dfrac{\text{물 사용량} \times (\text{수돗물온도} - \text{사용수온도})}{80 + \text{수돗물온도}}$

제1절 • 제빵의 개요

빵은 밀가루를 주원료로 하여 물에 섞어 반죽을 하여 발효시킨 뒤 모양을 내어 오븐에 구워낸 것을 지칭한다. 여기에 강력분, 소금, 이스트, 물을 필수적으로 사용한다.

제2절 • 빵의 제법

1 제빵용 기계

제과제빵에는 재료의 준비와 공정과정에 다양하고 많은 기기가 사용되는데 크게 공장에서 사용되는 대량생산용과 일반제과점에서 사용되는 소형으로 구분할 수 있다.
일반적인 기계로는 수직믹서, 스파이럴 믹서, 소형수직믹서, 도우 컨디셔너, 자동 분할기, 라운드, 정형기, 롤러, 오븐, 저울 등이 필요하다.

2 빵의 제법-스트레이트법(Straight Dough Method 직접법)

모든 재료를 믹서에 넣고 한꺼번에 반죽하는 제빵법으로 직접반죽법이라고 하며, 일반적인 소규모의 제과점에서 주로 사용하는 방법(유지는 클린업단계(Clean up stage)에 넣는다)이다.
기본제조공정은 다음과 같다.

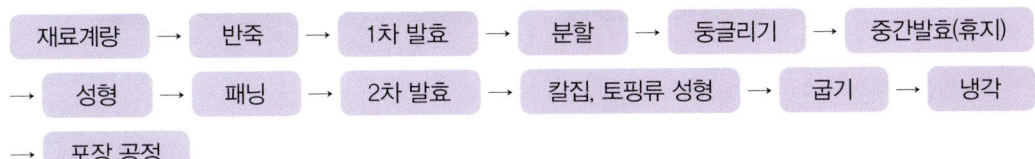

재료계량 → 반죽 → 1차 발효 → 분할 → 둥글리기 → 중간발효(휴지) → 성형 → 패닝 → 2차 발효 → 칼집, 토핑류 성형 → 굽기 → 냉각 → 포장 공정

① **재료계량** : 배합표에 정해진 재료를 정확한 무게로 각각 계량한다.
② **믹싱** : 반죽시간은 제품의 종류, 믹서의 성능 및 밀가루 단백질 함량 등에 따라 다르다. 일반적인 반죽은 스트레이트법으로 제조하며 클린업단계에 유지를 투입한 뒤 원하는 반죽상태까지 만들어 완료한다. 통상 반죽온도는 27℃이다.

믹싱의 발전 6단계

① 혼합단계-픽업단계(Pick up stage)
- 처음 혼합 단계로 가루가 날리지 않도록 저속으로 혼합한다.
- 반죽상태는 잘 섞이지 않아 진흙과 같은 상태가 되어간다.

② 클린업단계(Clean up stage)
- 반죽이 한 덩어리로 뭉치는 단계로 믹서볼의 주변이 깨끗하게 된다.
- 글루텐에 결합이 시작되며 중속으로 바꾸어 믹싱한다.
- 이때 유지를 투입하여 중속으로 발전시킨다.
- 발효가 긴 빵의 반죽은 여기서 완료한다.

③ 발전단계(Development stage)
- 믹서기의 에너지가 최대로 필요하다.
- 글루텐의 신전성과 결합이 진행되는 단계이며 탄력성이 최대가 된다.
- 이때 믹서의 볼 벽을 때리는 소리가 난다.
- 막을 펴보면 거친 반죽의 모습을 보인다(불란서빵 완료).

④ 최종단계(Final stage) : 대부분의 빵류
- 반죽이 매끄럽고 윤이 난다.
- 반죽 글루텐이 결합하는 마지막 시기이며 탄력성이 감소하고 신전성이 급증한다. – 반죽을 펼치면 얇게 늘어나며 얇은 막을 형성하는 것을 볼 수 있다.

 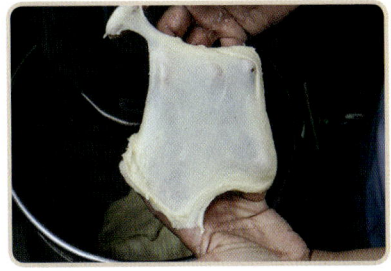

⑤ 렛다운단계(Let down stage) : 반죽의 상태는 탄력성이 점점 없어지며 신전성이 커지면서 흘러내리는 느낌이 강하다. 흔히 이 단계를 오버믹싱단계라고 한다(틀에 넣는 햄버거 반죽).

⑥ 파괴단계(Break down stage)
- 제품을 만들 수 없는 상태이며
- 글루텐이 더 이상 결합하지 못하여 끊어지는 상태이다.

③ 1차 발효 : 온도 27~28℃, 상대습도 75~80% 정도
  ㉠ 1차 발효시간 : 반죽의 처음 부피의 3배정도이며 시간은 (1~3시간) 보통 1시간 비닐을 덮어 마르거나 이물질로부터 보호한다.
  ㉡ 볼바닥과 반죽위에 덧가루를 살짝뿌리기(눌러붙음 방지)

④ 분할 : 제품에 알맞은 무게를 정확하고 빠르게 분할한다(10~15분 내로 분할한다).

 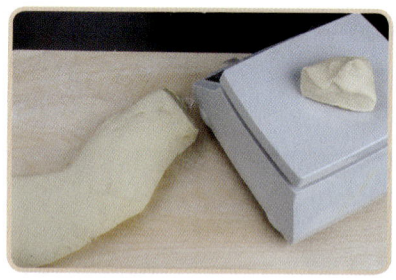

⑤ 둥글리기 : 분할도중에 생긴 절단면을 깨끗하게 하며 1차 발효 도중 생긴 큰 기포를 제거하면서 다시 반죽의 표면을 매끄럽게 만든다.

⑥ 중간발효 : 제품을 성형하기 쉽게 하기 위해 10~15분 정도 비닐을 덮어 두는 것을 말하며, 가스발생으로 반죽의 유연성을 회복시키며 엷은 피막 형성으로 성형이나 밀어펴기 쉽게 하기 위함이다. 온도 27~28℃, 상대습도 75~80% 정도로(겨울철에는 발효실 이용) 비닐을 덮어 반죽의 표면이 마르는 것을 방지한다.

⑦ 성형(분할 → 둥글리기 → 중간발효 → 성형 → 패닝) : 빵반죽의 종류와 모양에 따라 다양한 방법으로 제조한다. 밀어펴기, 말기, 꼬기, 앙금싸기 등이 있다.

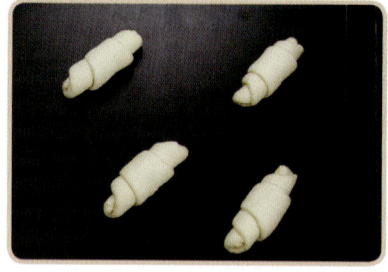 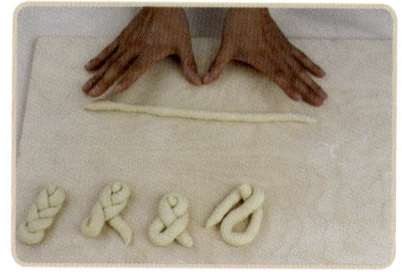

⑧ 패닝 : 실온에서 준비된 사용팬의 온도는 32℃ 정도이며 성형이 완료된 빵의 이음새를 바닥으로 향하게 하여 종류에 맞는 팬에 패닝을 하며 적절한 간격과 종류끼리 패닝을 한다. 팬의 크기와 빵의 개수에 맞게 전체 넓이를 골고루 사용하여 패닝한다.

⑨ 2차발효 : 온도 35~43℃, 상대습도 80~90%
 ㉠ 일반적인 철판에 넣는 빵은 좌우로 살짝 찰랑찰랑하게 흔들리는 정도와 균일한 부피로 팽창되어짐으로 판단한다.
 ㉡ 식빵은 팬높이의 1cm 정도되면 마무리한다.

⑩ 굽기 : 크기와 무게에 따라 다르나 통상 큰빵은 낮은 온도에서 오래굽고, 작은빵은 높은 온도에서 짧게 구워야 좋은 빵이 될 수 있다. 굽기온도는 160~210℃ 범위로 한다. 오븐편차로 인하여 중간에 한번 돌려주면 골고루 색을 낼 수 있다.

⑪ 냉각 : 자연적인 냉각으로 빵 내부온도가 35~40℃가 되도록 충분히 식힌다.
⑫ 포장 : 통기성이 좋으며 상품의 가치를 높일 수 있는 포장지를 선택한다.

반죽 온도 계산하는 방법

① 마찰계수(Friction Factor)
   마찰계수 = 반죽결과온도 × 3 − (실내온도 + 밀가루온도 + 사용수온도)

② 스트레이트법의 물 온도
   사용할 물 온도 = 희망 온도 × 3 − (실내온도 + 밀가루온도 + 마찰계수)

③ 스펀지 도우법의 물 온도 계산
   사용할 물 온도 = 희망 온도 × 4 − (실내온도 + 밀가루온도 + 스펀지온도 + 마찰계수)

④ 얼음 사용량
   $$\text{얼음 사용량} = \frac{\text{물 사용량} \times (\text{수돗물온도} - \text{원하는물온도})}{80 + \text{수돗물온도}}$$

제3절 • 제품 평가

(1) 부피
분할무게와 비교해 외부의 부피가 일정하며 크기가 알맞아야 한다.

(2) 균형
제품의 균일한 균형이 중요하며 한 쪽으로 기울거나 가운데가 솟아오르거나 찌그러지지 않고 제품이 모두 대칭 형태를 이루고 있어야 한다.

(3) 껍질
황금갈색의 고르고 균일한 색깔이 나며, 반점과 줄무늬가 없어야 한다. 먹음직스러운 황금빛 갈색(golden brown)을 띠고, 옆면과 바닥에도 구운 색이 들어야 한다.

(4) 내부
잘랐을 때 설익은 곳이 없어야 한다. 또한 내부의 기공과 조직이 너무 크거나 너무 조밀하지 않으며 고르고 균일하며 밝은 색을 띠어야 한다.

(5) 맛과 향
제품 특유의 좋은 향이 있으며 탄냄새나 덜 익어 생재료의 향이 나지 않으며 온화한 향이 나야 한다. 빵에서 가장 중요한 평가로 제품을 구입하는 소비자가 만족할 수 있어야 한다.

PART 1

제과 실기

BAKING CONFECTIONRY

시험시간 **2시간 30분**

과일 케이크

요구사항 ≫ 과일 케이크를 제조하여 제출하시오.

1. 배합표의 각 재료를 계량하여 재료별로 진열하시오 (13분).
2. 반죽은 별립법으로 제조하시오.
3. 반죽온도는 23℃를 표준으로 하시오.
4. 제시한 팬에 알맞도록 분할하시오.
5. 반죽은 전량을 사용하여 성형하시오.

❖ 배합표

재료명	비율(%)	무게(g)
박력분	100	500
설탕	90	450
마가린	55	275
달걀	100	500
우유	18	90
베이킹파우더	1	5
소금	1.5	(8)
건포도	15	75
체리	30	150
호두	20	100
오렌지필	13	65
럼주	16	80
바닐라향	0.4	2
계	459.9	2,300

수험자 유의사항

1. 항목별 배점은 제조공정 60점, 제품평가 40점입니다.
2. 시험시간은 재료계량시간이 포함된 시간입니다.
3. 안전사고가 없도록 유의합니다.
4. 의문 사항이 있으면 감독위원에게 문의하고, 감독위원의 지시에 따릅니다.
5. 다음과 같은 경우에는 채점대상에서 제외됩니다.

미완성	• 시험시간 내에 작품을 제출하지 못한 경우
기권	• 수험자 본인이 수험 도중 기권한 경우
실격	• 작품의 가치가 없을 정도로 타거나 익지 않은 경우 • 주요 요구사항(수량, 모양, 반죽제조법)을 준수하지 않았을 경우 • 지급된 재료 이외의 재료를 사용한 경우 • 시험 중 시설·장비의 조작 또는 재료의 취급이 미숙하여 위해를 일으킬 것으로 감독위원 전원이 합의하여 판단한 경우

지급재료목록 자격 종목: 제과 기능사

일련번호	재료명	규격	단위	수량	비고
1	밀가루	박력분	g	550	1인용
2	설탕	정백당	g	495	1인용
3	마가린	제과제빵용	g	303	1인용
4	달걀	60g(껍질포함)	개	11	1인용
5	우유	시유	ml	99	1인용
6	베이킹파우더	제과제빵용	g	6	1인용
7	소금	정제염	g	9	1인용
8	건포도	제과제빵용	g	85	1인용
9	체리(병)	제과용	g	170	1인용
10	호두 분태	깐 것	g	110	1인용
11	오렌지필	제과용	g	75	1인용
12	럼주	캡틴큐 또는 나폴레옹	ml	88	1인용
13	바닐라향	분말	g	3	1인용
14	식용유	대두유	ml	50	1인용
15	위생지	식품용(8절지)	장	10	1인용
16	제품상자	제품포장용	개	1	5인 공용
17	얼음	식용	g	200	1인용 (겨울철 제외)

과정

1 적당한 크기로 잘라준 체리와 건포도, 오렌지필, 호두에 미리 럼주를 넣어 전처리 해둔다.

2 볼에 마가린을 넣고 부드럽게 풀어 크림화 시킨다.

3 부드럽게 풀린 마가린에 설탕을 약 3회로 나누어 넣어 풀어준다. 소금도 이때 넣어준다.

4 만약 마가린이 잘 풀리지 않는다면 따뜻한 물을 볼 밑에 받쳐가며 잘 풀어준다(날씨가 추울 경우).

5 달걀 노른자를 넣어 잘 유화시켜주고 설탕이 다 녹고 반죽이 아이보리색이 될 때까지 믹싱한다.

6 흰자에 설탕을 3~4회 나누어 넣어가며 머랭을 만든다.
TIP 머랭을 올릴 때 너무 빨리 설탕을 넣으면 머랭이 잘 올라오지 않기 때문에 맨처음 한주먹 정도의 설탕을 넣어준 후 믹싱하면 흰자의 색이 흰색으로 변하고 거품의 크기가 들쑥날쑥 해질 때(50~55%) 남아있는 설탕의 1/2정도를 넣어준다. 마지막으로 더 믹싱하면 휘퍼 자국이 생기면서 되직해질 때 마지막 설탕을 넣어 단단한 머랭을 만든다.

7 머랭은 약 90% 정도로 올려주는데 이 상태는 끝 부분이 아래로 약간 휘는 상태가 된다.

8 5번 반죽에 머랭을 약 1/3가량을 넣어준 후 밀가루를 넣어 잘 섞어준다.

9 여기에 다시 머랭 1/3가량을 넣어 잘 섞어준다.

10 전처리한 체리, 건포도, 오렌지필, 호두를 넣는다. 그리고 마지막으로 우유까지 넣어 잘 섞어준다.

11 마지막 머랭(약 1/3)을 넣어 잘 섞어주어 반죽을 마무리한다. 반죽 완성 온도는 23도로 한다.
TIP 머랭을 반죽에 섞을 때는 항상 머랭부터 넣어준 후 반죽에 나머지 재료(밀가루)를 넣고 마지막에 남은 머랭을 넣어 섞은 후 마무리한다.

12 미리 종이를 깔아둔 파운드 케이크 틀에 반죽을 정확하게 4등분하여 패닝한다. 윗면이 오목하게 주걱으로 펴준 후 윗불 175℃, 아랫불 160℃의 오븐에서 약 50분 동안 굽는다(종이를 까는 방법은 동영상 참고).

Tip

[제품평가]

❶ 반죽이 넘치거나 너무 부족하지 않도록 한다.

❷ 찌그러짐이 없어야 하며 대칭이 되어야 한다.

❸ 껍질이 두껍지 않고 부드러워야하며 윗껍질 색상이 균일해야 한다.

❹ 기공과 조직이 균일해야하며 사용한 과일이 한쪽에 몰려 있거나 밑으로 가라앉지 않도록 해야 한다.

❺ 식감이 부드럽고 과일 케이크 특유의 맛과 향이 있어야 한다.

[굽기관리]

- 오븐 내부의 온도가 일정하지 않으므로 일정한 시간이 지나면 위치를 바꿔준다.

BAKING CONFECTIONRY

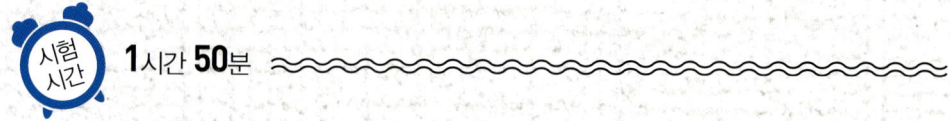

시험시간 1시간 50분

다쿠와즈

 요구사항 ≫ 다쿠와즈를 제조하여 제출하시오.

❶ 배합표의 각 재료를 계량하여 재료별로 진열하시오 (5분).
❷ 머랭을 사용하는 반죽을 만드시오.
❸ 표피가 갈라지는 다쿠와즈를 만드시오.
❹ 다쿠와즈 2개를 크림으로 샌드하여 1조의 제품으로 완성하시오.
❺ 반죽은 전량을 사용하여 성형하시오.

❖ 배합표

재료명	비율(%)	무게(g)
달걀흰자	100	330
설탕	30	99
아몬드분말	60	198
분당	50	165
박력분	16	52.8
계	256	844.8

※ 충전용 재료는 계량시간에서 제외

| 샌드용 크림 | 66 | 217.8 |

 수험자 유의사항

❶ 항목별 배점은 제조공정 60점, 제품평가 40점입니다.
❷ 시험시간은 재료계량시간이 포함된 시간입니다.
❸ 안전사고가 없도록 유의합니다.
❹ 의문 사항이 있으면 감독위원에게 문의하고, 감독위원의 지시에 따릅니다.
❺ 다음과 같은 경우에는 채점대상에서 제외됩니다.

미완성	• 시험시간 내에 작품을 제출하지 못한 경우
기권	• 수험자 본인이 수험 도중 기권한 경우
실격	• 작품의 가치가 없을 정도로 타거나 익지 않은 경우 • 주요 요구사항(수량, 모양, 반죽제조법)을 준수하지 않았을 경우 • 지급된 재료 이외의 재료를 사용한 경우 • 시험 중 시설·장비의 조작 또는 재료의 취급이 미숙하여 위해를 일으킬 것으로 감독위원 전원이 합의하여 판단한 경우

 지급재료목록 자격 종목 제과 기능사

일련번호	재료명	규격	단위	수량	비고
1	밀가루	박력분	g	61	1인용
2	달걀	60g (껍질포함)	개	10	1인용
3	설탕	정백당	g	110	1인용
4	아몬드분말	제과용	g	220	1인용
5	분당	제과제빵용 (전분 5% 정도 포함)	g	350	1인용
6	버터크림	가당샌드용	g	240	1인용
7	식용유	대두유	ml	20	1인용
8	위생지	식품용 (8절지)	장	10	1인용
9	부탄가스	가정용 (220g)	개	1	5인 공용
10	제품상자	제품포장용	개	1	5인 공용
11	얼음	식용	g	200	1인용 (겨울철 제외)

과정

❶ 가루재료인 박력분, 슈가파우더, 아몬드분말을 함께 체질한다.

❷ 달걀 흰자에 설탕을 약 3번 정도로 나누어 넣어 머랭을 만든다

❸ 끝이 약간 구부러지는 뾰족한 머랭(90%)을 완성시킨다.

❹ 머랭에 체쳐둔 가루류를 넣어 고루 섞는다.

❺ 철판에 유산지를 깔고 그 위에 다쿠와즈팬을 올린다. 짤주머니에 반죽을 채운 후 다쿠와즈팬에 패닝한다.

❻ 스크레퍼를 이용하여 평평하고 고르게 펴준다.

❼ 체를 이용하여 윗면에 슈가파우더를 뿌려준다.

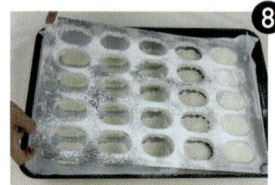
❽ 다쿠와즈팬을 조심스럽게 대각선으로 잡고 들어올린 후, 윗불 180℃, 아랫불 160℃에서 구워준다.

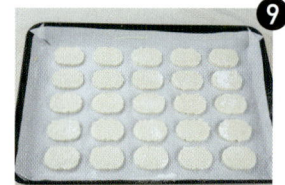
❾ 체를 이용하여 윗면에 슈가파우더를 골고루 뿌린 후 구워준다.

❿ 구워 나온 다쿠와즈에 크림을 짜준 후 크기가 비슷한 제품을 포개어 완성시킨다.

Tip

[제품평가]

❶ 팬에 알맞은 균일한 부피가 되어야 하며 두께가 일정해야 한다.

❷ 찌그러짐이 없고 균형이 잘 잡혀야 한다.

❸ 껍질 색상이 고르게 나야 하며 갈라짐(터짐)이 균일해야 한다.

❹ 샌드한 크림이 적당량이 내면에 고르게 분포되어야 한다.

❺ 아몬드, 머랭 특유의 식감을 가져야 한다.

[굽기관리]

- 오븐 내부의 온도가 일정하지 않으므로 일정한 시간이 지나면 위치를 바꿔준다.
- 전체가 잘 익고 밝은 황색이 고르게 나도록 한다.
- 표피가 갈라진 것이 좋은 상태이다.

POINT

1. 크림의 경우 시험장에서 받은 크림을 사용한다.
2. 크림을 바른 제품은 타공팬에 종이를 깔고 제출한다.

BAKING CONFECTIONRY

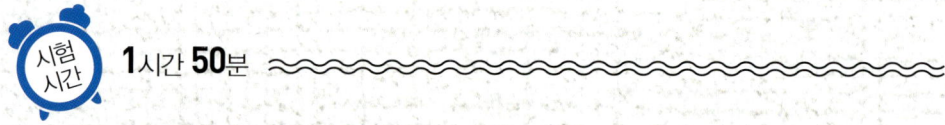
시험시간 **1**시간 **50**분

데블스푸드 케이크

 요구사항 >>> 데블스푸드 케이크를 제조하여 제출하시오.

❶ 배합표의 각 재료를 계량하여 재료별로 진열하시오 (11분).
❷ 반죽은 블렌딩법으로 제조하시오.
❸ 반죽온도는 23℃를 표준으로 하시오.
❹ 반죽의 비중을 측정하시오.
❺ 제시한 팬에 알맞도록 분할하시오.
❻ 반죽은 전량을 사용하여 성형하시오.

❖ 배합표

재료명	비율(%)	무게(g)
박력분	100	600
설탕	110	660
쇼트닝	50	300
달걀	55	330
탈지분유	11.5	69
물	103.5	621
코코아	20	120
베이킹파우더	3	18
유화제	3	18
바닐라향	0.5	3
소금	2	12
계	194	2,751

 수험자 유의사항

❶ 항목별 배점은 제조공정 60점, 제품평가 40점입니다.
❷ 시험시간은 재료계량시간이 포함된 시간입니다.
❸ 안전사고가 없도록 유의합니다.
❹ 의문 사항이 있으면 감독위원에게 문의하고, 감독위원의 지시에 따릅니다.
❺ 다음과 같은 경우에는 채점대상에서 제외됩니다.

미완성	• 시험시간 내에 작품을 제출하지 못한 경우
기권	• 수험자 본인이 수험 도중 기권한 경우
실격	• 작품의 가치가 없을 정도로 타거나 익지 않은 경우 • 주요 요구사항(수량, 모양, 반죽제조법)을 준수하지 않았을 경우 • 지급된 재료 이외의 재료를 사용한 경우 • 시험 중 시설·장비의 조작 또는 재료의 취급이 미숙하여 위해를 일으킬 것으로 감독위원 전원이 합의하여 판단한 경우

 지급재료목록 [자격 종목 | 제과 기능사]

일련번호	재료명	규격	단위	수량	비고
1	밀가루	박력분	g	660	1인용
2	설탕	정백당	g	722	1인용
3	쇼트닝	제과용	g	330	1인용
4	달걀	60g(껍질포함)	개	7	1인용
5	탈지분유	제과제빵용	g	76	1인용
6	코코아파우더	제과용	g	132	1인용
7	베이킹파우더	제과제빵용	g	20	1인용
8	소금	정제염	g	13	1인용
9	유화제	제과용	g	20	1인용
10	바닐라향	분말	g	4	1인용
11	식용유	대두유	ml	50	1인용
12	위생지	식품용(8절지)	장	10	1인용
13	제품상자	제품포장용	개	1	5인 공용
14	얼음	식용	g	200	1인용 (겨울철 제외)

과정

❶ 쇼트닝과 체친 박력분을 믹싱볼에 넣고 저속으로 믹싱한다.

❷ 쇼트닝이 박력분과 섞여 콩알크기 만한 덩어리가 생길 때까지 믹싱한다.

❸ 설탕, 소금, 유화제 체친 가루(코코아가루, 베이킹파우더, 바닐라향, 탈지분유)와 물 2/3를 넣고 저속으로 믹싱한다. 반죽의 색이 진한갈색에서 연한갈색이 될 때까지 섞어준다.

❹ 달걀을 조금씩 넣어가면서 부드러운 크림 상태로 만들어준다.

❺ 남겨둔 1/3의 물을 약 3회 가량 나누어 넣어 저속으로 믹싱한다.

❻ 완성된 반죽을 미리 위생지를 깔아둔 원형팬 4개에 약 60% 정도로 균일하게 패닝한다(반죽온도 22℃). 가볍게 내리쳐서 큰 기포를 없애고 윗불 175℃, 아랫불 160℃에서 약 30~35분 동안 구워 완성한다.

Tip

[제품평가]

① 팬 위로 올라온 양이 적정해야 하며 넘쳐흐르거나 팬 밑으로 내려가지 않도록 주의하여야 한다.
② 찌그러지지 않고 전체적인 모양이 대칭이 되어야 한다.
③ 껍질이 너무 두껍지 않아야 하고 반점, 공기방울 자국이 남지 않도록 해야 한다.
④ 기공과 조직이 부위별로 균일해야 하며 지나치게 열려있거나 조밀한 상태가 되지 않아야 한다. 또한 익지 않으면 안된다.
⑤ 씹는 촉감이 부드럽고 코코아 케이크 특유의 맛과 향을 지녀야 하며 속이 끈적이거나 생재료 냄새가 나면 안된다.

[굽기관리]

- 오븐 앞면과 뒷면, 가장자리와 중앙에 따라 온도 차이가 날 수 있으므로 적절한 시간에 위치를 돌려가며 구워준다.
- 너무 오래 굽게 되면 건조한 제품이 되거나 탈 수 있으므로 주의한다.

POINT 크림법과 블렌딩법의 차이

반죽형 반죽의 대표적인 방법에는 크림법, 블렌딩법, 설탕/물법 그리고 일단계법이 있다. 그 중 가장 대조되는 방법은 크림법과 블렌딩법이다.

- **크림법** : 유지를 크림화시킨 후 설탕과 계란을 넣은 후 완전히 유화시킨다. 그 후 가루재료를 넣어 잘 섞어주는 방법으로, 이 방법의 장점은 부피가 양호하지만 단점으로는 부드러움이 블렌딩법에 비해 떨어진다는 점이다.
- **블렌딩법** : 유지와 밀가루(박력분)를 함께 넣어 섞어준 후 나머지 가루 재료와 일부 액체재료를 섞어준다. 이 후 나머지 액체재료를 모두 넣어 잘 섞어 반죽을 완성한다. 밀가루가 유지와 함께 피복되면서 글루텐 형성이 어렵기 때문에 아주 부드러운 질감의 케이크를 얻을 수 있다는 장점이 있고 크림법과는 반대로 부피가 좋지않다는 단점이 있다.

BAKING CONFECTIONRY

시험시간 **2**시간

마데라(컵) 케이크

 요구사항 >>> 마데라(컵) 케이크를 제조하여 제출하시오.

❶ 배합표의 각 재료를 계량하여 재료별로 진열하시오 (9분).
❷ 반죽은 크림법으로 제조하시오.
❸ 반죽온도는 24℃를 표준으로 하시오.
❹ 반죽분할은 주어진 팬에 알맞은 양을 패닝하시오.
❺ 적포도주 퐁당을 1회 바르시오.
❻ 반죽은 전량을 사용하여 성형하시오.

❖ **배합표**

재료명	비율(%)	무게(g)
박력분	100	400
버터	85	340
설탕	80	320
소금	1	4
달걀	85	340
베이킹파우더	2.5	10
건포도	25	100
호두	10	40
적포도주	30	120
계	418.5	1,674

※ 충전용 재료는 계량시간에서 제외

분당	20	80
적포도주	5	20

 수험자 유의사항

❶ 항목별 배점은 제조공정 60점, 제품평가 40점입니다.
❷ 시험시간은 재료계량시간이 포함된 시간입니다.
❸ 안전사고가 없도록 유의합니다.
❹ 의문 사항이 있으면 감독위원에게 문의하고, 감독위원의 지시에 따릅니다.
❺ 다음과 같은 경우에는 채점대상에서 제외됩니다.

미완성	• 시험시간 내에 작품을 제출하지 못한 경우
기권	• 수험자 본인이 수험 도중 기권한 경우
실격	• 작품의 가치가 없을 정도로 타거나 익지 않은 경우 • 주요 요구사항(수량, 모양, 반죽제조법)을 준수하지 않았을 경우 • 지급된 재료 이외의 재료를 사용한 경우 • 시험 중 시설·장비의 조작 또는 재료의 취급이 미숙하여 위해를 일으킬 것으로 감독위원 전원이 합의하여 판단한 경우

지급재료목록 [자격 종목 | 제과 기능사]

일련번호	재료명	규격	단위	수량	비고
1	밀가루	박력분	g	440	1인용
2	버터	무염	g	374	1인용
3	설탕	정백당	g	353	1인용
4	소금	정제염	g	5	1인용
5	달걀	60g(껍질포함)	개	7	1인용
6	건포도	제과제빵용	g	110	1인용
7	호두분태	제과용	g	44	1인용
8	베이킹파우더	제과제빵용	g	11	1인용
9	적포도주		ml	162	1인용
10	분당	제과제빵용 (전분 5% 정도 포함)	g	100	1인용
11	유산지 컵	제과제빵류	개	40	1인용
12	위생지	식품용(8절지)	장	10	1인용
13	제품상자	제품포장용	개	1	5인 공용
14	얼음	식용	g	200	1인용 (겨울철 제외)

❶ 스텐볼에 건포도를 넣고 적포도주를 넣어 전처리한다.

❷ 버터를 볼에 넣고 부드럽게 크림화시킨다.

❸ 크림이 포마드 상태가 되면 설탕과 소금을 2~3회로 나누어가며 잘 섞어준다.

❹ 잘 섞인 반죽에 달걀을 넣어 잘 유화시킨다. 달걀 노른자부터 넣은 후 나머지 흰자를 조금씩 나누어 넣으면 분리나지 않게 잘 믹싱할 수 있다.

TIP 분리가 나지 않아야 하는 이유
기름과 수분이 나뉘어 밀가루가 수분과 만나게되어 글루텐을 형성하기 쉽게 되면 질감이 질겨지게 되기 때문

❺ 설탕이 다 녹고 부드러운 크림 상태가 되면 체친 가루(박력분, 베이킹파우더)를 넣어 잘 섞어준다.

❻

❼ 호두와 물기를 제거한 건포도를 반죽에 넣어 잘 섞어준다.

TIP 호두와 건포도에 덧가루를 뿌려둔 후 사용하기도 하는데 이는 건포도와 호두가 가라앉지 않고 잘 섞이도록 한다.

❽

❾ 포도주를 반죽에 넣어 반죽의 되기를 조절하여 완성한다(반죽온도 24℃).

❿ 짤주머니에 반죽을 넣은 후 머핀틀에 70~80% 정도 패닝한 후 윗불 180℃, 아랫불 160℃의 오븐에서 구워지는 동안 체친 슈가파우더와 포도주를 섞어 적포도주 퐁당을 만들어둔다.

⓫ 오븐에서 약 90% 정도 구워지면 꺼내서 미리 만들어준 적포도주 퐁당을 붓으로 윗면에 골고루 바른 후 2~3분 후에 다시 오븐에 넣는다. 윗면이 수분이 건조되어 하얗게 되면 굽기를 완료하여 완성한다.

Tip

[제품평가]

① 틀에 알맞은 부피가 되도록 하며 너무 크거나 작지 않도록 한다.

② 윗면 가운데가 조금 더 높고 양쪽이 대칭이 되어야 한다.

③ 포도주 시럽이 입혀진 껍질이 부드러워야 하며 옆면과 밑면의 색이 균일하게 나야 한다.

④ 여린 붉은 색으로 건포도와 호두의 분포가 고르게 있어야 한다.

⑤ 씹는 촉감이 부드러워야 하며 속이 끈적거리거나 탄 냄새, 생 재료 맛이 없어야 한다.

[굽기관리]

- 오븐 내부의 온도가 일정하지 않으므로 일정한 시간이 지나면 위치를 바꿔준다.
- 포도주 시럽을 바른 후 적절하게 건조시키도록 한다.

BAKING CONFECTIONRY

시험시간 **1시간 50분**

마드레느

요구사항 >>> 마드레느를 제조하여 제출하시오.

❶ 배합표의 각 재료를 계량하여 재료별로 진열하시오 (7분).
❷ 마드레느는 수작업으로 하시오.
❸ 버터를 녹여서 넣는 1단계법(변형) 반죽법을 사용하시오.
❹ 반죽온도는 24℃를 표준으로 하시오.
❺ 실온에서 휴지를 시키시오.
❻ 제시된 팬에 알맞은 반죽량을 넣으시오.
❼ 반죽은 전량을 사용하여 성형하시오.

❖ 배합표

재료명	비율(%)	무게(g)
박력분	100	400
베이킹파우더	2	8
설탕	100	400
달걀	100	400
레몬껍질	1	4
소금	0.5	2
버터	100	400
계	403.5	1,614

수험자 유의사항

❶ 항목별 배점은 제조공정 60점, 제품평가 40점입니다.
❷ 시험시간은 재료계량시간이 포함된 시간입니다.
❸ 안전사고가 없도록 유의합니다.
❹ 의문 사항이 있으면 감독위원에게 문의하고, 감독위원의 지시에 따릅니다.
❺ 다음과 같은 경우에는 채점대상에서 제외됩니다.

미완성	• 시험시간 내에 작품을 제출하지 못한 경우
기권	• 수험자 본인이 수험 도중 기권한 경우
실격	• 작품의 가치가 없을 정도로 타거나 익지 않은 경우 • 주요 요구사항(수량, 모양, 반죽제조법)을 준수하지 않았을 경우 • 지급된 재료 이외의 재료를 사용한 경우 • 시험 중 시설·장비의 조작 또는 재료의 취급이 미숙하여 위해를 일으킬 것으로 감독위원 전원이 합의하여 판단한 경우

지급재료목록 자격 종목 제과 기능사

일련번호	재료명	규격	단위	수량	비고
1	밀가루	박력분	g	440	1인용
2	베이킹파우더	제과제빵용	g	9	1인용
3	설탕	정백당	g	440	1인용
4	달걀	60g (껍질포함)	개	8	1인용
5	레몬껍질	생 레몬피	g	5	1인용
6	소금	정제염	g	3	1인용
7	버터	무염	g	440	1인용
8	식용유	대두유	ml	20	1인용
9	위생지	식품용 (8절지)	장	2	1인용
10	제품상자	제품포장용	개	1	5인 공용
11	얼음	식용	g	200	1인용 (겨울철 제외)

과정

❶ 레몬껍질을 강판에 갈아둔다.
TIP 흰 부분이 들어가면 쓰기 때문에 노란색 부분만 얇게 간다.

❷ 버터는 중탕으로 미리 녹여둔다.

❸ 체친 가루재료(박력분, 베이킹파우더)를 거품기를 이용하여 고루 섞어준다.

❹ 풀어둔 계란을 가루재료에 넣고 덩어리가 생기지 않도록 거품기로 잘 저어 섞어준다.

❺ 중탕한 버터를 잘 섞어준다.

❻ 미리 강판에 갈아둔 레몬껍질까지 넣어 반죽을 완성한다(반죽온도 24℃). 완성된 반죽은 냉장고에서 약 30분가량 휴지시켜준다.

❼ 냉장고에서 반죽이 휴지되는 동안 틀에 녹인 버터를 꼼꼼하게 잘 발라준 후 밀가루를 뿌린 후 잘 털어둔다.

❽ 휴지가 끝나면 짤주머니에 반죽을 넣어 준비한다.

❾ 미리 준비해 둔 마드레느 틀에 약 70% 정도 균일하게 짜준 후 미리 예열해 둔 오븐(약 윗불 190℃, 아랫불 160℃)에서 구워준다.

Tip

[제품평가]

① 사용한 팬에 알맞은 부피고 균일하도록 하며 넘쳐흐르거나 팬 밖으로 흐르지 않게 한다.

② 전체 균형이 잘 잡히고 흠집이 없도록 한다.

③ 무늬가 있는 면의 껍질색이 밝은 황금갈색으로 두껍지 않아야 하며 끈적거리거나 너무 건조하지 않도록 한다.

④ 기공이 균일하도록 하며 줄무늬, 반점 등이 없어야 한다.

⑤ 식감이 부드럽고 버터향과 다른 재료의 향이 잘 어울리도록 한다.

[굽기관리]

- 오븐 내부의 온도가 일정하지 않으므로 일정한 시간이 지나면 위치를 바꿔준다.
- 속이 완전히 익고 사용한 팬의 무늬가 살아있으며 밑면 색상이 황금갈색이 되도록 한다.
- 오버베이킹 되지 않도록 한다.

POINT

1. 냉장 휴지를 충분히 시켜준 후 구워야 굽기 중 윗면이 터지는 것을 방지한다.
2. 중탕한 버터는 약 30°C 정도가 적당하다.
3. 제출 시 타공팬에 흰종이를 깔고 제품을 담아 낸다.

BAKING CONFECTIONRY

시험시간 2시간 10분

마카롱 쿠키

요구사항 ≫ 마카롱 쿠키를 제조하여 제출하시오.

① 배합표의 각 재료를 계량하여 재료별로 진열하시오 (5분).
② 반죽은 머랭을 만들어 수작업 하시오.
③ 반죽온도는 22℃를 표준으로 하시오.
④ 원형모양깍지를 끼운 짤주머니를 사용하여 직경 3cm로 하시오.
⑤ 반죽은 전량을 사용하여 성형하고, 팬 2개를 구워 제출하시오.

❖ 배합표

재료명	비율(%)	무게(g)
아몬드분말	100	200
분당	180	360
달걀흰자	80	160
설탕	20	40
바닐라향	1	2
계	381	762

수험자 유의사항

① 항목별 배점은 제조공정 60점, 제품평가 40점입니다.
② 시험시간은 재료계량시간이 포함된 시간입니다.
③ 안전사고가 없도록 유의합니다.
④ 의문 사항이 있으면 감독위원에게 문의하고, 감독위원의 지시에 따릅니다.
⑤ 다음과 같은 경우에는 채점대상에서 제외됩니다.

미완성	• 시험시간 내에 작품을 제출하지 못한 경우
기권	• 수험자 본인이 수험 도중 기권한 경우
실격	• 작품의 가치가 없을 정도로 타거나 익지 않은 경우 • 주요 요구사항(수량, 모양, 반죽제조법)을 준수하지 않았을 경우 • 지급된 재료 이외의 재료를 사용한 경우 • 시험 중 시설·장비의 조작 또는 재료의 취급이 미숙하여 위해를 일으킬 것으로 감독위원 전원이 합의하여 판단한 경우

지급재료목록   자격 종목 제과 기능사

일련번호	재료명	규격	단위	수량	비고
1	아몬드분말	제과제빵용	g	280	1인용
2	분당	제과제빵용(전분 5% 정도포함)	g	500	1인용
3	설탕	정백당	g	55	1인용
4	바닐라향	분말	g	3	1인용
5	달걀	60g (껍질포함)	개	7	1인용
6	위생지	식품용(8절지)	장	10	1인용
7	제품상자	제품포장용	개	1	5인 공용
8	얼음	식용	g	200	1인용(겨울철 제외)

과정

① 반죽을 하기 전에 오븐을 예열한다.

② 아몬드 분말과 분당을 체에 넣고 체질을 한다.

③ 시간의 여유가 있으면 한번 더 체질을 한다.

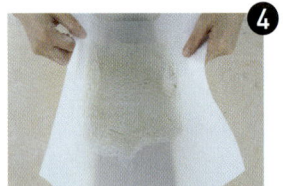
④ 위생지에 체질한 가루를 준비한다.

⑤ 수검자 요구사항대로 수작업으로 "머랭"을 만든다. 기름기가 없는 스텐볼에 흰자를 넣고 거품기로 거품을 올린다.

⑥ 흰자의 알이 풀리도록 거품을 올린다.

⑦ 설탕을 1/2을 넣고 거품을 올린다.

⑧ 거품이 일기 시작하면 60% 정도 올린다.

⑨ 흰자에 설탕을 나누어 넣고 거품을 지속적으로 올린다.

⑩ 약 70% 정도의 상태

⑪ 완성된 머랭 80%

⑫ 머랭이 80% 되었을 때 아몬드분말과 분당을 체질하여 준비한 것을 넣는다.

⑬ 가루는 덩어리 지지 않도록 고무주걱으로 섞는다.

⑭ 머랭과 가루들을 가볍게 혼합한다.
반죽온도는 22±1℃가 되도록 한다.

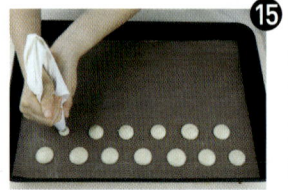
⑮ 철 팬에 유산지(또는 실리콘 페이퍼)를 깐다.
짤 주머니에 원형 모양 깍지(직경 1cm)를 끼우고 반죽을 넣는다.

⑯ 직경 3cm로 간격이 일정하고 모양이 균일하게 되도록 요구사항대로 2팬을 짠다.

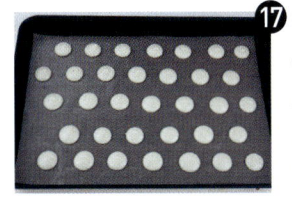

⑰ 반죽을 패닝한 후에는 실온에서 30~40분 정도 말려서 오븐에 굽는다. 건조는 껍질에 영향을 준다. 윗불 180℃, 아랫불 150℃에서 10분정도 굽는다.

Tip

[제품평가]

❶ 팬에 짠 반죽량이 알맞은 부피로 퍼져있는지 두께는 일정해야 한다.
❷ 너무 얇으면 안 된다.
❸ 균일하게 원형을 유지하고 찌그러짐이 없어야 한다.
❹ 밝은 색상과 매끄러운 표피와 바삭거리는 상태를 유지하는지를 본다.
❺ 마카롱 쿠키의 껍질은 바삭거리고 속은 쫄깃한 식감을 가져야 한다.
❻ 아몬드와 머랭의 향과 맛이 조화를 이루며 생 재료 맛 등이 남지 않아야 한다.

[굽기온도]

- 윗불 180℃, 아랫불 150℃에서 10분 정도 굽는다.
- 오븐에서 꺼낸 후에는 철 팬에서 바로 빼내어 뒤집어서 분무기로 물을 뿌려서 바로 떼어 낸 다음 냉각팬에 가지런히 놓는다.
- 마카롱은 전체가 잘 익고 껍질색이 옅은 황색이고, 밑면도 적정한 색의 구운상태가 되어야 한다.

BAKING CONFECTIONRY

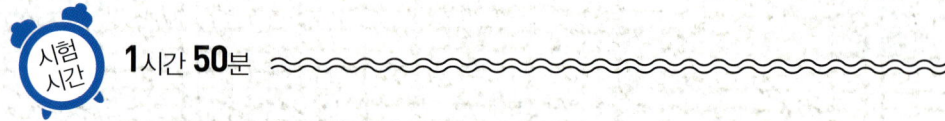
시험시간 1시간 50분

멥쌀스펀지 케이크
(공립법)

 요구사항 >>> 멥쌀스펀지 케이크(공립법)를 제조하여 제출하시오.

❶ 배합표의 각 재료를 계량하여 재료별로 진열하시오 (6분).
❷ 반죽은 공립법으로 제조하시오.
❸ 반죽온도는 25℃를 표준으로 하시오.
❹ 반죽의 비중을 측정하시오.
❺ 제시한 팬에 알맞도록 분할하시오.
❻ 반죽은 전량을 사용하여 성형하시오.

❖ 배합표

재료명	비율(%)	무게(g)
멥쌀가루	100	500
설탕	110	550
달걀	160	800
소금	0.8	4
바닐라향	0.4	2
베이킹파우더	0.4	2
계	371.6	1,858

 수험자 유의사항

❶ 항목별 배점은 제조공정 60점, 제품평가 40점입니다.
❷ 시험시간은 재료계량시간이 포함된 시간입니다.
❸ 안전사고가 없도록 유의합니다.
❹ 의문 사항이 있으면 감독위원에게 문의하고, 감독위원의 지시에 따릅니다.
❺ 다음과 같은 경우에는 채점대상에서 제외됩니다.

미완성	• 시험시간 내에 작품을 제출하지 못한 경우
기권	• 수험자 본인이 수험 도중 기권한 경우
실격	• 작품의 가치가 없을 정도로 타거나 익지 않은 경우 • 주요 요구사항(수량, 모양, 반죽제조법)을 준수하지 않았을 경우 • 지급된 재료 이외의 재료를 사용한 경우 • 시험 중 시설·장비의 조작 또는 재료의 취급이 미숙하여 위해를 일으킬 것으로 감독위원 전원이 합의하여 판단한 경우

 지급재료목록 | 자격 종목 | 제과 기능사 |

일련번호	재료명	규격	단위	수량	비고
1	멥쌀가루	마트판매용 쌀가루	g	550	1인용
2	달걀	60g (껍질포함)	개	16	1인용
3	설탕	정백당	g	600	1인용
4	소금	정제염	g	5	1인용
5	바닐라향	분말	g	3	1인용
6	베이킹파우더	제과용	g	3	1인용
7	위생지	식품용 (8절지)	장	3	1인용
8	제품상자	제품포장용	개	1	5인 공용
9	얼음	식용	g	200	1인용 (겨울철 제외)

과정

① 믹서볼에 달걀을 넣고 잘 풀어준 후 설탕, 소금을 넣고 섞어준다.

② 중탕물에 올려 거품기로 잘 저어가며 43℃까지 온도를 올려준다.

③ 온도가 올라가면 믹서기에 장착하여 중고속으로 믹싱한다.

④ 반죽이 연한 아이보리색으로 변하고 반죽을 들어올려 떨어뜨렸을 때 자국이 그대로 남아있을 때까지 믹싱한다.

⑤ 체친 가루(멥쌀가루, 베이킹파우더, 바닐라향)를 ④에 넣어 주걱으로 가볍게 섞어준 후 반죽을 완성한다(반죽온도 25℃).

⑥ 완성된 반죽의 비중(0.45±0.05)을 확인 후 패닝을 한다.

⑦ 위생지를 미리 깔아둔 원형 3호팬 4개에 골고루 패닝한다. 패닝 후 큰 기포를 없애기 위해 가볍게 반죽을 내리쳐 쇼크를 준 후 윗불 180℃, 아랫불 160℃에서 약 30분 정도 구워준다.

Tip

[제품평가]
① 분할량을 일정하게 맞추고 팬에 넘치거나 부족하면 안된다.
② 찌그러짐 없이 균형이 있어야 하며 어느 부위만 올라가거나 낮아서는 안된다.
③ 껍질은 너무 두껍지 않고 부드러워야 하며 타거나 익지 않은 부분이 있으면 안된다.
④ 줄무늬나 달걀 덩어리가 없어야 하며 기공이 너무 조밀하지 않도록 한다.

[굽기관리]
- 너무 오래 구워도 안되지만 속이 익지 않은 부위가 있으면 냉각 중 주저앉으므로 주의한다.
- 오븐위치에 따라 온도차이가 나므로 적절한 시간에 위치를 바꾸어주어 균일한 색이 나도록 한다.

POINT

1. 타공팬에 위생지를 깐 후 틀에서 뺀 제품을 올려 제출한다.
2. 오븐에서 구워져 나온 후 바로 팬을 내리쳐서 수증기를 빼준다.

BAKING CONFECTIONRY

시험시간 **3**시간

밤과자

요구사항 >>> 밤과자를 제조하여 제출하시오.

❶ 배합표의 각 재료를 계량하여 재료별로 진열하시오 (8분).
❷ 반죽은 중탕하여 냉각시킨 후 반죽 온도는 20℃를 표준으로 하시오.
❸ 반죽 분할은 20g씩 하고, 앙금은 45g으로 충전하시오.
❹ 제품 성형은 밤모양으로 하고 윗면은 달걀 노른자와 캐러멜 색소를 이용하여 광택제를 칠하시오.
❺ 반죽은 전량을 사용하여 성형하시오.

❖ 배합표

재료명	비율(%)	무게(g)
박력분	100	300
달걀	45	135
설탕	60	180
물엿	6	18
연유	6	18
베이킹파우더	2	6
버터	5	15
소금	1	3
계	225	675

※ 충전용 재료는 계량시간에서 제외

| 흰앙금 | 525 | 1,575 |
| 참깨 | 13 | 39 |

수험자 유의사항

❶ 항목별 배점은 제조공정 60점, 제품평가 40점입니다.
❷ 시험시간은 재료계량시간이 포함된 시간입니다.
❸ 안전사고가 없도록 유의합니다.
❹ 의문 사항이 있으면 감독위원에게 문의하고, 감독위원의 지시에 따릅니다.
❺ 다음과 같은 경우에는 채점대상에서 제외됩니다.

미완성	• 시험시간 내에 작품을 제출하지 못한 경우
기권	• 수험자 본인이 수험 도중 기권한 경우
실격	• 작품의 가치가 없을 정도로 타거나 익지 않은 경우 • 주요 요구사항(수량, 모양, 반죽제조법)을 준수하지 않았을 경우 • 지급된 재료 이외의 재료를 사용한 경우 • 시험 중 시설·장비의 조작 또는 재료의 취급이 미숙하여 위해를 일으킬 것으로 감독위원 전원이 합의하여 판단한 경우

지급재료목록 자격 종목 제과 기능사

일련번호	재료명	규격	단위	수량	비고
1	밀가루	박력분	g	330	1인용
2	설탕	정백당	g	198	1인용
3	달걀	60g (껍질포함)	개	5	1인용 (광택제 포함)
4	물엿	이온엿, 제과용	g	20	1인용
5	연유	가당	g	20	1인용
6	버터	무염	g	17	1인용
7	베이킹파우더	제과제빵용	g	17	1인용
8	흰앙금	가당연유	g	1,800	1인용
9	캐러멜 색소	제과용	g	121	인용
10	깨	흰깨	g	60	1인용
11	소금	정제염	g	5	1인용
12	식용유	대두유	ml	50	1인용
13	위생지	식품용(8절지)	장	10	1인용
14	부탄가스	가정용(220g)	개	1	1인용
15	세품상사	제품포장용	개	1	5인 공용
16	얼음	식용	g	200	1인용 (겨울철 제외)

과정

1. 볼에 전란을 넣고 풀어 준 후에 설탕, 물엿, 소금, 연유, 버터를 넣고 중탕으로 용해시킨다.

2. 설탕이 녹을 정도로 용해시킨다. 계란이 익지 않을 정도(약 43℃)의 온도이어야 한다.

3. 냉각을 시킬 때는 찬물을 볼 밑에 대고 식힌다.

4. 박력분, 베이킹파우더를 체로 친 후에 20℃로 냉각한 ❸에 넣고 주걱을 사용하여 가볍게 섞어 반죽을 만든다.

5. 고무주걱으로 골고루 섞어 준다.

6. 반죽이 완성되면 비닐에 싸서 펼쳐서 냉장휴지를 20~30분 정도 한다.
TIP 반죽이 뭉쳐있는 것 보다 비닐에 펼쳐서 휴지를 시키는 것이 좋다.

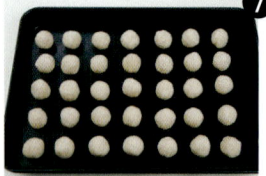
7. 반죽을 냉장 휴지하는 동안 흰앙금은 치대어서 부드럽게 한 후에 45g으로 분할하여 둥글리기 하고 팬에 가지런히 놓고 비닐을 덮어 놓는다.

8. 휴지가 완료된 반죽은 테이블 위에서 여분의 덧 가루로 반죽의 되기를 조절한다. 이 때 반죽의 되기는 흰앙금의 되기와 비슷하게 한다.

9. 반죽은 20g으로 분할을 하고 반죽이 마르지 않도록 깨끗한 면포로 덮어 놓는다.

10. 분할한 반죽에 앙금을 45g을 능숙하게 싼다.

11. 앙금이 한쪽으로 치우치지 않도록 잘 돌려가며 작업한다.

12. 마무리는 앙금이 새어나오지 않도록 반죽을 싼다.

13. 앙금을 넣은 반죽을 손바닥으로 누른다.

14. 앙금을 넣은 반죽을 위 아래로 편평하게 한 후에 한쪽 끝을 뾰족하게 한다.

15. 밤모양이 되도록 성형한다.

16. 성형을 한 밤과자의 밑면에 물을 묻힌다.

⑰ 물이 묻은 부분에 참깨를 묻힌다.

⑱ 모양을 정리한다.

⑲ 밤과자를 팬에 15개를 간격을 맞추어 2팬을 패닝하고 분무기로 물을 뿌려서 덧가루를 제거한 다음 건조시킨다.

⑳ 광택제로 노른자를 체에 내리고 캐러멜색소를 넣어 만든다.

㉑ 광택제의 색이 고루 나도록 잘 섞어준다.

㉒ 붓을 이용하여 광택제를 1회 바른다.

㉓ 1회 바른 광택제가 마르면 다시 덧칠을 하여 바른다.

Tip

[제품평가]
1. 분할한 반죽과 흰앙금이 밤모양으로 균형이 잘 잡힌 제품을 만든다.
2. 껍질이 부드럽고 균일한 색상과 광택이 나야 한다. 흰앙금이 터져 내용물이 보이면 안된다.
3. 껍질 두께가 일정하고 앙금의 배치 비율이 일정해야 한다.
4. 식감이 부드럽고 끈적거리지 않아야 하고 밤과자 특유의 풍미가 있어야 한다.

[굽기과정]
- 윗불 180℃, 아랫불 150℃에서 20~25분 정도 굽는다.

[광택제 바를 때의 주의사항]
- 붓의 털이 떨어지지 않도록 한다.
- 광택제가 옆면으로 줄줄 흘러내리지 않도록 주의해서 바른다.
- 진한 갈색으로 얼룩이 생기지 않게 색을 낸다.

POINT

밤과자에 사용하는 달걀은 반죽에 3개 정도 사용되고, 광택제로 2개 더 사용하므로 재료준비시간에 확인한다.

BAKING CONFECTIONRY

시험시간 1시간 50분

버터스펀지 케이크
(공립법)

요구사항 ≫ 버터스펀지 케이크(공립법)를 제조하여 제출하시오.

1. 배합표의 각 재료를 계량하여 재료별로 진열하시오 (6분).
2. 반죽은 공립법으로 제조하시오.
3. 반죽온도는 25℃를 표준으로 하시오.
4. 반죽의 비중을 측정하시오.
5. 제시한 팬에 알맞도록 분할하시오.
6. 반죽은 전량을 사용하여 성형하시오.

❖ 배합표

재료명	비율(%)	무게(g)
박력분	100	500
설탕	120	600
달걀	180	900
소금	1	5
바닐라향	0.5	(2)
버터	20	100
계	421.5	2,107

수험자 유의사항

1. 항목별 배점은 제조공정 60점, 제품평가 40점입니다.
2. 시험시간은 재료계량시간이 포함된 시간입니다.
3. 안전사고가 없도록 유의합니다.
4. 의문 사항이 있으면 감독위원에게 문의하고, 감독위원의 지시에 따릅니다.
5. 다음과 같은 경우에는 채점대상에서 제외됩니다.

미완성	• 시험시간 내에 작품을 제출하지 못한 경우
기권	• 수험자 본인이 수험 도중 기권한 경우
실격	• 작품의 가치가 없을 정도로 타거나 익지 않은 경우 • 주요 요구사항(수량, 모양, 반죽제조법)을 준수하지 않았을 경우 • 지급된 재료 이외의 재료를 사용한 경우 • 시험 중 시설·장비의 조작 또는 재료의 취급이 미숙하여 위해를 일으킬 것으로 감독위원 전원이 합의하여 판단한 경우

지급재료목록 자격 종목 제과 기능사

일련 번호	재료명	규격	단위	수량	비고
1	밀가루	박력분	g	550	1인용
2	달걀	60g (껍질포함)	개	19	1인용
3	설탕	정백당	g	660	1인용
4	소금	정제염	g	6	1인용
5	버터	무염	g	110	1인용
6	바닐라향	분말	g	3	1인용
7	식용유	대두유	ml	50	1인용
8	위생지	식품용 (8절지)	장	10	1인용
9	제품상자	제품포장용	개	1	5인 공용
10	얼음	식용	g	200	1인용 (겨울철 제외)

과정

❶ 믹서볼에 달걀을 넣고 잘 풀어준 후 설탕, 소금을 넣고 섞어준다.

❷ 중탕물에 올려 거품기로 잘 저어가며 43℃까지 온도를 올려준다.

❸ 온도가 올라가면 믹서기에 장착하여 중고속으로 믹싱한다.

❹ 반죽이 연한 아이보리색으로 변하고 반죽을 들어올려 떨어뜨렸을 때 자국이 그대로 남아있을 때까지 믹싱한다.

❺ 체친 가루(박력분, 바닐라향)를 ❹에 넣어 가볍게 섞어준다.

❻ 미리 중탕물에 녹여둔 버터를 담은 볼에 반죽을 일부 덜어 넣고 둔다.

❼ 버터와 덜어둔 반죽을 고무주걱을 이용하여 잘 섞이게 한다.

❽ ❼을 본반죽에 넣어 잘 섞어준 후 반죽을 완성한다(반죽 온도 23℃).

❾ 위생지를 미리 깔아둔 원형 3호팬 4개에 골고루 패닝한다(약 70%). 패닝 후 가볍게 반죽을 내리쳐 쇼크를 준 후 윗불 180℃, 아랫불 160℃에서 약 30분 정도 구워준다.

Tip

[제품평가]

❶ 분할량을 적당히 하여 팬에 넘치거나 너무 부족하지 않게 한다.

❷ 윗면이 평평하게 되도록 조치하며 찌그러짐 없이 균일한 모양을 지니고 균형이 잘 잡히도록 한다.

❸ 어느 부위만 높거나 낮으면 안된다.

❹ 껍질은 너무 두껍지 않고 부드럽도록 하며 옆면과 밑면에도 적정한 색이 나도록 한다.

❺ 기공과 조직이 부위별로 균일하되 너무 조밀하지 않도록 한다.

❻ 식감이 부드럽고 버터 스펀지 케이크 특유의 버터 맛과 향이 조직감과 어울리도록 한다.

[굽기관리]

- 오븐 내부의 온도가 일정하지 않으므로 일정한 시간이 지나면 위치를 바꿔준다.
- 너무 오래굽지 않도록 하고 너무 빨리 꺼내서 속이 익지 않는 경우가 생기지 않도록 한다.

POINT

1. 타공팬에 종이를 깔고 틀에서 뺀 버터스펀지케이크를 제출한다.
2. 녹인 버터를 반죽의 일부와 섞어주는 이유는 버터의 비중이 반죽에 비해 높아 반죽 밑으로 가라앉는 것을 방지하여 케이크의 부피를 좋게 할 수 있기 때문이다.
3. 믹서기를 이용하여 반죽을 고속으로 돌리게 되면 거품이 빨리 올라오지만 큰 기포가 많이 생기고 속도가 낮게 돌릴 경우는 반죽이 완성되는 시간은 오래걸리나 거품이 쉽게 죽지 않는다.
4. 오븐에서 나오자마자 팬을 내려치면 수증기가 순간적으로 바깥으로 나오게되어 윗면이 쭈글거리는 현상을 없애는데 도움이 된다.

BAKING CONFECTIONRY

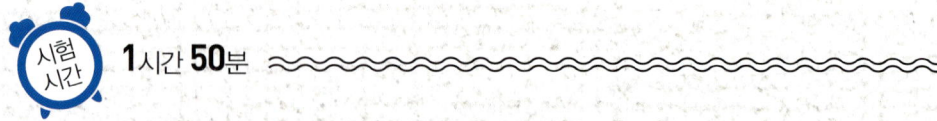

1시간 50분

버터스펀지 케이크
(별립법)

요구사항 ≫ 버터스펀지 케이크(별립법)를 제조하여 제출하시오.

❶ 배합표의 각 재료를 계량하여 재료별로 진열하시오 (8분).
❷ 반죽은 별립법으로 제조하시오.
❸ 반죽온도는 23℃를 표준으로 하시오.
❹ 반죽의 비중을 측정하시오.
❺ 제시한 팬에 알맞도록 분할하시오.
❻ 반죽은 전량을 사용하여 성형하시오.

❖ 배합표

재료명	비율(%)	무게(g)
박력분	100	600
설탕(A)	60	360
설탕(B)	60	360
달걀	150	900
소금	1.5	9
베이킹파우더	1	6
바닐라향	0.5	3
용해버터	25	150
계	194	2,388

 수험자 유의사항

❶ 항목별 배점은 제조공정 60점, 제품평가 40점입니다.
❷ 시험시간은 재료계량시간이 포함된 시간입니다.
❸ 안전사고가 없도록 유의합니다.
❹ 의문 사항이 있으면 감독위원에게 문의하고, 감독위원의 지시에 따릅니다.
❺ 다음과 같은 경우에는 채점대상에서 제외됩니다.

미완성	• 시험시간 내에 작품을 제출하지 못한 경우
기권	• 수험자 본인이 수험 도중 기권한 경우
실격	• 작품의 가치가 없을 정도로 타거나 익지 않은 경우 • 주요 요구사항(수량, 모양, 반죽제조법)을 준수하지 않았을 경우 • 지급된 재료 이외의 재료를 사용한 경우 • 시험 중 시설·장비의 조작 또는 재료의 취급이 미숙하여 위해를 일으킬 것으로 감독위원 전원이 합의하여 판단한 경우

 지급재료목록 | 자격 종목 | 제과 기능사 |

일련번호	재료명	규격	단위	수량	비고
1	밀가루	박력분	g	660	1인용
2	설탕	정백당	g	792	1인용
3	달걀	60g (껍질포함)	개	19	1인용
4	소금	정제염	g	10	1인용
5	베이킹파우더	제과제빵용	g	7	1인용
6	바닐라향	분말	g	4	1인용
7	버터	무염	g	165	1인용
8	식용유	대두유	ml	50	1인용
9	위생지	식품용 (8절지)	장	10	1인용
10	제품상자	제품포장용	개	1	5인 공용
11	얼음	식용	g	200	1인용 (겨울철 제외)

과정

1. 달걀 노른자를 잘 풀어준 후 설탕 A와 소금을 넣고 거품기로 잘 저어주면서 설탕을 녹이고 아이보리색이 될 때까지 믹싱한다.

2. 믹서볼에 흰자를 넣고 고속으로 믹싱한다.

3. 흰자의 색이 하얀색이 되면 (약 50% 휘핑) 설탕을 넣고 올린다.

4. 거품기가 돌아가는 모양이 보이는 정도가 되면(약 70~80% 휘핑) 나머지 설탕을 넣어 거품낸다.

5. 거품기를 들었을 때 끝이 뾰족하면서 약간 휘는 상태인 머랭(90% 휘핑)을 만든다.

6. ❶에 단단하게 올린 머랭을 1/3가량 넣어 섞어준다.

7. 체친 가루류(박력분, 베이킹파우더, 바닐라향)를 넣고 가볍게 섞어준다.

8. 중탕한 버터에 반죽의 일부를 덜어 둔다.

9. 버터와 반죽이 잘 섞이도록 고무주걱으로 잘 섞어준다.

10. 본반죽에 ❾를 잘 섞어준 후 나머지 머랭을 넣어 가볍게 섞어 완성한다(반죽온도 23℃).

11. 미리 위생지를 깔아둔 원형 3호 틀에 반죽을 붓고 바닥에 한번 내려친 후 윗불 180℃, 아랫불 160℃에서 약 25분간 구워준다.

Tip

[제품평가]

❶ 분할량을 일정하게 하며 윗면이 평평하게 되도록 한다.

❷ 껍질이 너무 두껍지 않아야 하며 찢어지거나 흠집이 생기지 않도록 한다.

❸ 기공과 조직이 균일해야하며, 너무 조밀하지 않도록 한다.

❹ 식감이 부드럽고 버터스펀지 케이크 특유의 버터맛과 향이 잘 어울리도록 만든다.

[오븐관리]

- 너무 오래굽지 않도록 하며 너무 빨리 꺼내 설익지 않도록 한다.
- 오븐 내부의 온도가 일정하지 않으므로 일정한 시간이 지나면 위치를 바꿔준다.

오븐에서 제품이 나오면 바닥에 내리쳐서 순간적으로 수증기를 나오게 하여 수축되는 것을 막아준다.

BAKING CONFECTIONRY

시험시간 **2**시간

버터 쿠키

요구사항 ≫ 버터 쿠키를 제조하여 제출하시오.

❶ 배합표의 각 재료를 계량하여 재료별로 진열하시오 (6분).
❷ 반죽은 크림법으로 수작업 하시오.
❸ 반죽온도는 22℃를 표준으로 하시오.
❹ 별모양깍지를 끼운 짤주머니를 사용하여 2가지 모양 짜기를 하시오(8자, 장미모양).
❺ 반죽은 전량을 사용하여 성형하시오.

❖ 배합표

재료명	비율(%)	무게(g)
박력분	100	400
버터	70	280
설탕	50	200
소금	1	4
달걀	30	120
바닐라향	0.5	2
계	251.5	1,006

수험자 유의사항

❶ 항목별 배점은 제조공정 60점, 제품평가 40점입니다.
❷ 시험시간은 재료계량시간이 포함된 시간입니다.
❸ 안전사고가 없도록 유의합니다.
❹ 의문 사항이 있으면 감독위원에게 문의하고, 감독위원의 지시에 따릅니다.
❺ 다음과 같은 경우에는 채점대상에서 제외됩니다.

미완성	• 시험시간 내에 작품을 제출하지 못한 경우
기권	• 수험자 본인이 수험 도중 기권한 경우
실격	• 작품의 가치가 없을 정도로 타거나 익지 않은 경우 • 주요 요구사항(수량, 모양, 반죽제조법)을 준수하지 않았을 경우 • 지급된 재료 이외의 재료를 사용한 경우 • 시험 중 시설·장비의 조작 또는 재료의 취급이 미숙하여 위해를 일으킬 것으로 감독위원 전원이 합의하여 판단한 경우

지급재료목록 [자격 종목 | 제과 기능사]

일련번호	재료명	규격	단위	수량	비고
1	밀가루	박력분	g	440	1인용
2	설탕	정백당	g	220	1인용
3	버터	무염	g	310	1인용
4	소금	정제염	g	5	1인용
5	바닐라향	분말	g	3	1인용
6	달걀	60g (껍질포함)	개	3	1인용
7	위생지	식품용 (8절지)	장	10	1인용
8	부탄가스	가정용 (220g)	개	1	5인 공용
9	제품상자	제품포장용	개	1	5인 공용
10	얼음	식용	g	200	1인용 (겨울철 제외)

과정

❶ 실온에 둔 버터를 거품기를 이용하여 부드럽게 풀어준다.

❷ 설탕을 조금씩 넣어 잘 섞어준다(설탕을 2~3회 나누어 섞는다).

❸ 달걀을 넣어 분리되지 않게 잘 유화시켜준다(노른자부터 넣어주면 유화시키기 쉬워진다).

TIP 달걀이 너무 차갑거나 너무 빠른 속도로 넣어주면 분리될 수 있으므로 주의한다.

❹ 설탕이 다 녹아 반죽이 잘 풀어지면 체친 밀가루를 넣어 주걱으로 칼로 자르듯이 글루텐이 생기지 않도록 살살 섞어준다.

❺ 별모양 깍지를 끼워둔 짤주머니에 반죽을 넣는다.

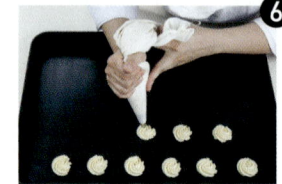

❻ 철판에 일정한 간격으로 패닝하고 장미모양, 8자모양, s자 모양 등 시험관이 제시하는 대로 짜준다(반죽온도 22℃). 오븐온도는 약 윗불 190℃, 아랫불 140℃로 구워준 후 완성한다.

Tip

[제품평가]

❶ 짜놓은 반죽량에 대해 적정한 부피를 가지고 퍼짐이 일정하도록 한다.
❷ 모양깍지의 줄무늬 모양이 선명하게 남아있고 적당한 부피감이 있어야 한다.
❸ 'S자', '8자'의 형태가 모두 균일하며 균형 잡힌 모양으로 짠다.
❹ 황금갈색의 색상이 나도록 해야 하며 밑면에도 적정한 색이 나도록 한다.
❺ 큰 공기 구멍이 없고 드롭쿠키의 특징인 부드러움이 있어야 한다.
❻ 식감이 부드럽고 버터향이 조화를 이루어야 하며 탄 냄새, 생 재료 맛이 느껴지지 않도록 한다.

[굽기관리]

- 오븐 내부의 온도가 일정하지 않으므로 일정한 시간이 지나면 위치를 바꿔준다.

POINT

1. 짤주머니에 반죽을 넣어 패닝 시 깍지 끝 부분이 바닥에 붙혀 짜게 되면 너무 얇게 짜게 되어 구울 때 탈 수 있으니 깍지를 들어 도톰하게 짜준다.
2. 짤주머니에 너무 많은 반죽을 한꺼번에 넣어 짜게 되면 짜기 어렵기 때문에 반죽을 여러번 나누어 넣어 짜준다.
3. 장미모양과 8자모양의 크기가 다르므로 한 팬에는 모두 같은 모양으로 짜주는 것이 오븐을 관리하기 편하다.
4. 타공팬에 종이를 깔고 제품을 올려 제출한다.

BAKING CONFECTIONRY

시험시간 **1**시간 **50**분

브라우니

 요구사항 ≫ 브라우니를 제조하여 제출하시오.

❶ 배합표의 각 재료를 계량하여 재료별로 진열하시오 (9분).
❷ 브라우니는 수작업으로 반죽하시오.
❸ 버터와 초콜릿을 함께 녹여서 넣는 1단계 변형반죽법으로 하시오.
❹ 반죽온도는 27℃를 표준으로 하시오.
❺ 반죽은 전량을 사용하여 성형하시오.
❻ 3호 원형팬 2개에 패닝하시오.
❼ 호두의 반은 반죽에 사용하고 나머지 반은 토핑하며, 반죽속과 윗면에 골고루 분포되게 하시오(호두는 구어서 사용).

❖ 배합표

재료명	비율(%)	무게(g)
중력분	100	300
달걀	120	360
설탕	130	390
소금	2	6
버터	50	150
다크초콜릿(커버춰)	150	450
코코아파우더	10	30
바닐라향	2	6
호두	50	150
계	614	1,842

 수험자 유의사항

❶ 항목별 배점은 제조공정 60점, 제품평가 40점입니다.
❷ 시험시간은 재료계량시간이 포함된 시간입니다.
❸ 안전사고가 없도록 유의합니다.
❹ 의문 사항이 있으면 감독위원에게 문의하고, 감독위원의 지시에 따릅니다.
❺ 다음과 같은 경우에는 채점대상에서 제외됩니다.

미완성	• 시험시간 내에 작품을 제출하지 못한 경우
기권	• 수험자 본인이 수험 도중 기권한 경우
실격	• 작품의 가치가 없을 정도로 타거나 익지 않은 경우 • 주요 요구사항(수량, 모양, 반죽제조법)을 준수하지 않았을 경우 • 지급된 재료 이외의 재료를 사용한 경우 • 시험 중 시설·장비의 조작 또는 재료의 취급이 미숙하여 위해를 일으킬 것으로 감독위원 전원이 합의하여 판단한 경우

 지급재료목록 자격 종목 | 제과 기능사

일련번호	재료명	규격	단위	수량	비고
1	밀가루	중력분	g	330	1인용
2	달걀	60g(껍질포함)	개	7	1인용
3	설탕	정백당	g	400	1인용
4	소금	정제염	g	8	1인용
5	버터	무염	g	160	1인용
6	호두 분태	제과용	g	160	1인용
7	코코아파우더	제과용	g	40	1인용
8	다크초콜릿 (커버춰)	제과용	g	500	1인용
9	바닐라향	분말	g	7	1인용
10	위생지	식품용(8절지)	장	6	1인용
11	부탄가스	가정용(220g)	개	1	5인 공용
12	제품상자	제품포장용	개	1	5인 공용
13	얼음	식용	g	200	1인용 (겨울철 제외)

과정

❶ 스텐볼에 초콜릿을 넣고 중탕물에 올려 미리 녹여둔다.

❷ ❶의 초콜릿에 버터도 넣어 함께 주걱으로 저어가며 완전히 녹인다.

❸ 가루류(중력분, 코코아파우더, 바닐라향)를 미리 체쳐둔다.

❹ 가루류를 체친 후 여기에 설탕을 넣어 준다.

❺ ❹를 거품기를 이용하여 가루와 설탕이 잘 섞이도록 한다.

❻ 거품기로 달걀을 잘 풀어 준다.

❼ ❺의 안에 거품기로 풀어준 달걀을 넣어준다.

❽ ❼이 덩어리지지 않게 잘 섞어준다.

❾ 초콜릿과 버터를 미리 녹여둔 것을 넣고 잘 섞어준다.

❿ 미리 약간 구워둔 호두의 1/2을 반죽에 넣는다.

⓫ 호두까지 넣어 골고루 섞어서 반죽을 마무리 한다(반죽온도 27℃).

⓬ 위생지를 깔아둔 원형틀 2개에 반죽을 균일하게 나누어 패닝한 후 윗면에 나머지 호두를 반죽 윗면에 뿌린다.

⓭ 반죽이 완성되면 윗불 180℃, 아랫불 150℃에서 30분 정도로 구워준다.

Tip

[제품평가]

① 분할량에 대해 적정한 부피가 되고, 팬에 넘치거나 부족하면 안된다.
② 두 개의 제품이 같은 부피가 되도록 한다.
③ 어느 부위만 높거나 낮아서는 안되며 균일한 모양으로 균형이 잘 잡혀야 한다.
④ 껍질은 너무 두껍지 않게 하며, 윗면의 토핑이 균일하게 분포되어 있도록 한다.
⑤ 기공과 조직이 부위별로 균일하게 해야 하며 초콜릿 갈색이 균일하고 줄무늬나 달걀 덩어리가 없어야 한다.
⑥ 호두가 내면에 고루 분포되어 있어야 하며 밑으로 가라앉거나 한쪽에 몰려 있으면 안된다.
⑦ 초콜릿과 호두의 향과 서로 잘 어울려야 하며 브라우니 특유의 맛과 향이 나도록 한다.

[굽기관리]

- 너무 오래굽지 않도록 하며 속부분이 촉촉하게 굽는다.
- 오븐 내부의 온도가 일정하지 않으므로 일정한 시간이 지나면 위치를 바꿔준다.
- 너무 빨리 구워내면 속이 익지 않은 부위가 있을 수 있으므로 주의한다.

POINT

1. 초콜릿을 녹일 때 너무 높은 온도로 녹이지 않는다.
2. 호두나 견과류는 철판에 위생지를 깔고 150℃에서 약 10분간 구워주는데 이렇게 하면 더욱 고소한 맛이 나고 산패된 기름냄새가 나지 않는다.

BAKING CONFECTIONRY

시험시간 **2**시간 **30**분

사과파이

요구사항 >>> 사과파이를 제조하여 제출하시오.

❶ 껍질 재료를 계량하여 재료별로 진열하시오(6분).
❷ 껍질에 결이 있는 제품으로 제조하시오.
❸ 충전물은 개인별로 각자 제조하시오.
❹ 제시한 팬에 맞도록 윗껍질이 있는 파이로 만드시오.
❺ 반죽은 전량을 사용하여 성형하시오.

❖ 배합표

- 껍질

재료명	비율(%)	무게(g)
중력분	100	400
설탕	3	12
소금	1.5	6
쇼트닝	55	220
탈지분유	2	8
물	35	140
계	196.5	786

- 충전물

재료명	비율(%)	무게(g)
사과	100	900
설탕	18	162
소금	0.5	4.5
계피가루	1	9
옥수수전분	8	72
물	50	450
버터	2	18
계	179.5	1,615.5

※ 충전용 재료는 계량시간에서 제외

 수험자 유의사항

❶ 항목별 배점은 제조공정 60점, 제품평가 40점입니다.
❷ 시험시간은 재료계량시간이 포함된 시간입니다.
❸ 안전사고가 없도록 유의합니다.
❹ 의문 사항이 있으면 감독위원에게 문의하고, 감독위원의 지시에 따릅니다.
❺ 다음과 같은 경우에는 채점대상에서 제외됩니다.

미완성	시험시간 내에 작품을 제출하지 못한 경우
기권	수험자 본인이 수험 도중 기권한 경우
실격	• 작품의 가치가 없을 정도로 타거나 익지 않은 경우 • 주요 요구사항(수량, 모양, 반죽제조법)을 준수하지 않았을 경우 • 지급된 재료 이외의 재료를 사용한 경우 • 시험 중 시설·장비의 조작 또는 재료의 취급이 미숙하여 위해를 일으킬 것으로 감독위원 전원이 합의하여 판단한 경우

 지급재료목록 자격 종목 제과 기능사

일련번호	재료명	규격	단위	수량	비고
1	밀가루	중력분	g	440	1인용
2	설탕	정백당	g	191	1인용
3	소금	정제염	g	11	1인용
4	쇼트닝	제과제빵용	g	242	1인용
5	탈지분유	제과제빵용	g	9	1인용
6	달걀	60g(껍질포함)	개	2	1인용
7	사과	250g 정도	개	5	1인용
8	계피가루		g	10	1인용
9	옥수수전분		g	80	1인용
10	버터	무염	g	20	1인용
11	식용유	대두유	ml	50	1인용
12	위생지	식품용(8절지)	장	10	1인용
13	부탄가스	가정용(220g)	개	1	5인 공용
14	제품상자	제품포장용	개	1	5인 공용
15	얼음	식용	g	200	1인용(겨울철 제외)

과정들

① 체질한 중력분에 쇼트닝을 올린다.

② 쇼트닝을 스크래퍼로 잘게 다진다.

③ 쇼트닝을 콩알 크기만한 크기가 되도록 잘라준다.

④ ❸을 우물 모양으로 만든 후 안쪽에 물을 부어 스크래퍼와 손을 이용하여 반죽을 한 덩어리로 만든다.

⑤ 스크래퍼와 손을 이용하여 반죽을 모아준다.

⑥ 반죽을 한 덩어리로 만든다.

⑦ 반죽을 넓게 펴서 비닐에 담아서 냉장 휴지시킨다(20~30분).
TIP 반죽을 펴서 비닐에 담는 것이 골고루 빠른 시간에 휴지시키는 방법이다.

⑧ 사과는 껍질을 깐다.

⑨ 껍질을 깐 사과를 8등분하여 자른 후 심지를 제거한다.

⑩ 두께 약 0.5cm 정도 나박썰기한다.

⑪ 사과는 갈변하지 않도록 설탕물에 담가 둔다.

⑫ ⑪의 사과를 체에 받쳐서 물기를 빼고 사용한다.

⑬ 스텐볼에 설탕, 계피가루, 소금, 옥수수전분을 넣고 재료가 잘 섞이도록 거품기로 섞는다.

⑭ ⑬을 불에 올려 타지 않게 저어가며 끓인다.

⑮ 걸쭉해지면 ⑭에 버터를 넣고 혼합한다.

⑯ 버터가 완전히 녹을 때까지 잘 섞어준다.

⑰ ⑫의 사과를 넣고 섞어준다.

⑱ 섞이면 불에서 내려 충분히 냉각한다.

⑲ 냉장 휴지시킨 반죽을 틀의 크기 정도로 분할한 후 덧가루를 뿌리면서 밀대로 반죽을 두께 3mm 정도로 능숙하게 밀어 편다.

⑳ 시험장에서 제시한 파이팬을 사용하고 제시한 수량을 제조한다.

㉑ 반죽을 틀에 빈틈이 없도록 손으로 깔아준다.

㉒ 틀의 옆면을 스크래퍼로 잘라낸다.

㉓ 반죽을 넣은 틀 바닥에 포크를 이용하여 구멍을 낸다.
TIP 바닥에 공기가 들어가면 바닥이 부풀기 때문에 공기구멍을 만들어 준다.

㉔ ⑰에 만들어 낸 사과충전물을 틀 높이 정도로 넣는다.

㉕ **TIP 주의사항**
충전물을 넣을 때 윗면 정리를 깨끗하게 하고 테두리 등에 페이스트가 묻지 않도록 조심한다.

㉖ 나머지 반죽을 다시 밀어서 두께 2mm, 폭 1cm 정도의 띠를 만든다.

㉗ 띠를 붙이기 위해 붓으로 물을 조금 바른다.

㉘ 띠를 세로로 간격을 두고 붙인다.

㉙ ㉘ 띠를 격자로 붙인다.

㉚ 격자로 붙여 바구니 모양이 되게 한다.

㉛ 틀의 가장자리를 스크래퍼를 이용하여 정리한다.

㉜ 포크를 이용하여 틀 가장자리를 눌러주어 반죽이 붙도록 한다.

사과파이

㉝ 사과파이 띠에 체에 거른 노른자를 붓으로 1회 바른다. 마르면 1회 덧바른다.
TIP 시험장에서는 감독관의 지시에 따라 시행하기도 한다.

㉞ 굽기는 윗불 180℃, 아랫불 180℃에서 40~50분 정도 굽는다.
오븐에 따라 앞, 뒤, 옆면의 온도가 다를 수 있으니 적절한 시간에 위치를 변경해준다(파이는 평철판 위에 놓고 굽는다).

> **Tip**

[제품평가]

❶ 충전물의 양이 알맞게 들어 있어서 부피감이 나야 한다.

❷ 충전물이 많아서 볼록하게 올라오지 않고, 또한 적어서 윗면이 움푹 들어가지 않고 충전물의 되기가 알맞고 적당해야 한다.

❸ 위, 아래 껍질의 봉합부분이 터지지 않도록 하고, 파이가 주저 앉거나 일그러지지 않아야 한다.

❹ 색상은 밝은 갈색이어야 하며 충전물이 넘쳐 껍질이 젖지 않도록 한다.

❺ 껍질은 결이 형성되어 있어야 한다.

❻ 껍질이 탄 냄새가 나거나 덧가루로 인한 텁텁한 맛이나 충전물 호화 시 탄 냄새가 없어야 한다.

BAKING CONFECTIONRY

시험시간 **1**시간 **50**분

소프트롤 케이크

요구사항 ≫ 소프트롤 케이크를 제조하여 제출하시오.

1. 배합표의 각 재료를 계량하여 재료별로 진열하시오 (10분).
2. 반죽은 별립법으로 제조하시오.
3. 반죽온도는 22℃를 표준으로 하시오.
4. 반죽의 비중을 측정하시오.
5. 제시한 팬에 알맞도록 분할하시오.
6. 반죽은 전량을 사용하여 성형하시오.
7. 캐러멜 색소를 이용하여 무늬를 완성하시오.

❖ 배합표

재료명	비율(%)	무게(g)
박력분	100	250
설탕(A)	70	175
물엿	10	25
소금	1	2.5
물	20	50
바닐라향	1	2.5
설탕(B)	60	150
달걀	280	700
베이킹파우더	1	2.5
식용유	50	125
계	593	1,482.5

※ 충전용 재료는 계량시간에서 제외

잼	80	200

수험자 유의사항

1. 항목별 배점은 제조공정 60점, 제품평가 40점입니다.
2. 시험시간은 재료계량시간이 포함된 시간입니다.
3. 안전사고가 없도록 유의합니다.
4. 의문 사항이 있으면 감독위원에게 문의하고, 감독위원의 지시에 따릅니다.
5. 다음과 같은 경우에는 채점대상에서 제외됩니다.

미완성	• 시험시간 내에 작품을 제출하지 못한 경우
기권	• 수험자 본인이 수험 도중 기권한 경우
실격	• 작품의 가치가 없을 정도로 타거나 익지 않은 경우 • 주요 요구사항(수량, 모양, 반죽제조법)을 준수하지 않았을 경우 • 지급된 재료 이외의 재료를 사용한 경우 • 시험 중 시설·장비의 조작 또는 재료의 취급이 미숙하여 위해를 일으킬 것으로 감독위원 전원이 합의하여 판단한 경우

지급재료목록 자격 종목 제과 기능사

일련번호	재료명	규격	단위	수량	비고
1	밀가루	박력분	g	275	1인용
2	설탕	정백당	g	358	1인용
3	물엿	이온엿, 제과용	g	28	1인용
4	소금	정제염	g	3	1인용
5	바닐라향	분말	g	3	1인용
6	달걀	60g(껍질포함)	개	15	1인용
7	베이킹파우더	제과제빵용	g	3	1인용
8	식용유	대두유	ml	188	1인용
9	캐러멜색소	제과용	g	2	1인용
10	잼	과일잼류	g	220	1인용
11	위생지	식품용(8절지)	장	10	1인용
12	제품상자	제품포장용	개	1	5인 공용
13	얼음	식용	g	200	1인용 (겨울철 제외)

과정

❶ 달걀 노른자를 잘 풀어준 후 설탕 A와 소금을 넣고 거품기로 잘 저어주면서 설탕을 녹이고 아이보리색이 될 때까지 믹싱한다.

❷ 믹서볼에 흰자를 넣고 고속으로 믹싱한다.

❸ 흰자의 색이 하얀색이 되면(약 50% 휘핑) 설탕을 넣고 올린다.

❹ 거품기가 돌아가는 모양이 보이는 정도가 되면(약 70~80% 휘핑) 나머지 설탕을 넣어 거품낸다.

❺ 거품기를 들었을 때 끝이 뾰족하면서 약간 휘는 상태인 머랭(90% 휘핑)을 만든다.

❻ ❶에 단단하게 올린 머랭을 1/3가량 넣어 섞어준다.

❼ 체친 가루류(박력분, 베이킹파우더, 바닐라향)를 넣고 가볍게 섞어준다.

❽ 식용유에 반죽의 일부를 덜어 넣은 후 잘 섞어 반죽에 다시 넣어 믹싱한다.

❾ 식용유를 넣어 섞은 반죽에 나머지 머랭을 넣어 가볍게 섞어 완성한다(반죽온도 22℃).

❿ 완성된 반죽을 약간 덜어내어 무늬내기용 반죽을 만든다.

⓫ 덜어낸 반죽에 캐러멜 색소를 넣어 섞어준다.

⓬ 색을 넣어 만들어둔 반죽을 짤주머니에 넣어둔다.

⓭ 미리 종이를 깔아 준비한 평철판에 반죽을 붓고 주걱이나 스크래퍼를 이용하여 평평하게 패닝한다.

⓮ 미리 준비해 둔 반죽 ⓬로 지그재그 무늬를 그려준다.

⓯ 이쑤시개나 젓가락을 이용하여 반대방향으로 그어 물결 무늬를 만들어준다.

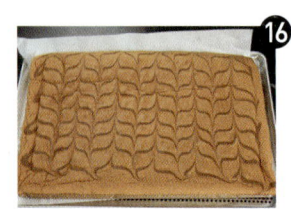
⓰ 윗불 180℃, 아랫불 160℃에서 약 20분 정도 구운 후 냉각팬에 올린다.

⑰ 위생지에 식용유를 발라준다.

⑱ 기름을 바른 위생지 위에 구워둔 시트를 올리고 위생지를 떼어낸다.
TIP 만약 위생지가 잘 떨어지지 않으면 분무기를 이용하거나 붓에 물을 바른 후 발라 떨어지기 쉽게 한다.

⑲ 스패츌러를 이용하여 잼을 고루 발라준다.
TIP 말아준 후 잼이 밖으로 새어나오지 않도록 끝부분에는 잼을 많이 바르지 않는다.

⑳ 가운데 부분으로 말리는 곳에 1~2cm 간격으로 칼집을 2줄 넣어준다.

㉑ 기름바른 위생지의 밑으로 밀대를 넣고 말아준다.

㉒ 중앙에 구멍이 생기지 않도록 잘 말아준다.

㉓ 완전히 말리면 밀대와 위생지를 적절히 당겨주어 롤케이크가 단단히 말리도록 한다.

㉔ 잠시동안 그대로 둔 후 제출 시에는 위생지를 제거하고 타공팬에 새로운 위생지를 깔고 롤케이크를 올려 제출한다.

Tip

[제품평가]
1. 팬에 맞는 반죽량으로 적정한 부피가 되어야 하며 말아 놓은 제품의 부피가 균일해야 한다.
2. 찌그러짐 없이 균일한 원기둥 모양으로 굵거나 가는 부위 없이 대칭이 되어야 한다.
3. 터지거나 주름진 부분이 없어야 하며 벗겨진 껍질 부위가 없어야 한다.
4. 지나치게 눌려있거나 허술해서는 안되며 잼의 두께가 알맞고 균일해야 한다.
5. 식감이 부드럽고 젤리롤 특유의 맛과 향이 잼 맛과 어울리도록 한다.

[굽기관리]
- 오버베이킹 또는 언더베이킹은 피한다.
- 윗면 껍질이 벗겨지지 않도록 한다.
- 오븐 내부의 온도가 일정하지 않으므로 일정한 시간이 지나면 위치를 바꿔준다.

POINT

1. 말 때는 온도가 중요한데 너무 뜨거울 때 말면 눌려서 부피가 줄어들고 너무 식어서 말면 겉이 말라 터질 수 있다.
2. 말기 전 잼을 바르고 두 선을 그어주는 이유는 안쪽 부분이 잘 말려 틈이 생기지 않게 하기 위해서다.
3. 무늬를 그릴 때는 간격을 비슷하게 그려야 한다.
4. 모양을 낼 때는 캐러멜 반죽이 케이크 바닥으로 가라앉을 수 있으므로 바닥에 닿지 않도록 그려야 한다.

BAKING CONFECTIONRY

시험시간 **2**시간

쇼트브레드 쿠키

 요구사항 ≫ 쇼트브레드 쿠키를 제조하여 제출하시오.

❶ 배합표의 각 재료를 계량하여 재료별로 진열하시오 (9분).
❷ 반죽은 크림법으로 제조하시오.
❸ 반죽온도는 20℃를 표준으로 하시오.
❹ 제시한 정형기를 사용하여 두께 0.7~0.8cm 정도로 정형하시오.
❺ 반죽은 전량을 사용하여 성형하시오.
❻ 달걀노른자칠을 하여 무늬를 만드시오.

❖ **배합표**

재료명	비율(%)	무게(g)
박력분	100	600
버터	33	198
쇼트닝	33	198
설탕	35	210
소금	1	6
물엿	5	30
달걀	10	60
노른자	10	60
바닐라향	0.5	3
계	227.5	1,365

 수험자 유의사항

❶ 항목별 배점은 제조공정 60점, 제품평가 40점입니다.
❷ 시험시간은 재료계량시간이 포함된 시간입니다.
❸ 안전사고가 없도록 유의합니다.
❹ 의문 사항이 있으면 감독위원에게 문의하고, 감독위원의 지시에 따릅니다.
❺ 다음과 같은 경우에는 채점대상에서 제외됩니다.

미완성	• 시험시간 내에 작품을 제출하지 못한 경우
기권	• 수험자 본인이 수험 도중 기권한 경우
실격	• 작품의 가치가 없을 정도로 타거나 익지 않은 경우 • 주요 요구사항(수량, 모양, 반죽제조법)을 준수하지 않았을 경우 • 지급된 재료 이외의 재료를 사용한 경우 • 시험 중 시설 · 장비의 조작 또는 재료의 취급이 미숙하여 위해를 일으킬 것으로 감독위원 전원이 합의하여 판단한 경우

지급재료목록 | 자격 종목 | 제과 기능사 |

일련번호	재료명	규격	단위	수량	비고
1	밀가루	박력분	g	660	1인용
2	달걀	60g (껍질포함)	개	6	1인용
3	설탕	정백당	g	231	1인용
4	소금	정제염	g	7	1인용
5	쇼트닝	제과용	g	218	1인용
6	물엿	이온엿, 제과용		33	1인용
7	버터	무염	g	218	1인용
8	바닐라향	분말	g	4	1인용
9	식용유	대두유	ml	50	1인용
10	위생지	식품용(8절지)	장	10	1인용
11	제품상자	제품포장용	개	1	5인 공용
12	얼음	식용	g	200	1인용 (겨울철 제외)

과정들

❶ 버터와 쇼트닝을 볼에 넣고 거품기로 부드럽게 풀어준다.

❷ 부드럽게 풀린 유지에 설탕 약간, 소금, 물엿을 넣고 잘 섞어준 후 나머지 설탕을 조금씩 넣어가며 잘 섞는다.

❸ ❷의 반죽이 아이보리색이 되면 노른자부터 넣어 잘 유화시키고 나머지 흰자를 2~3회로 나누어 잘 섞어준다.

❹ 체친 가루류(박력분, 바닐라향)를 넣어 칼로 자르듯 주걱을 이용하여 가루가 보이지 않을 정도로 섞어준다.

❺ 반죽을 비닐에 싼 후 냉장고에서 20~30분 정도 휴지시킨다. 휴지시키는 동안 계란물을 만든다.

TIP 계란물은 노른자를 사용하며 체에 한번 걸러 얼룩이 생기지 않도록 만들어둔다.

❻ 작업대에 덧가루를 뿌린 후 반죽을 올려 되기를 조절해준 후 밀대를 이용하여 두께 약 0.8mm로 일정하게 밀어편다.

TIP 덧가루를 과하게 사용하면 좋지 않으나 여름철의 경우 유지가 녹을 수 있으므로 반죽이 질척거릴 경우 덧가루를 적당히 이용하여 밀어편다.

❼ 밀어 편 반죽은 덧가루를 묻힌 쿠키커터를 이용하여 찍어낸 후 반죽에 묻은 여분의 덧가루를 붓으로 털어내고 패닝한다.

❽ 패닝한 제품에 미리 만들어둔 계란물을 붓으로 빠르게 한번 바른 다음 약간 말려준다. 그 이후에 다시 한번 꼼꼼히 계란물을 다시 한번 더 발라준다.

❾ ❽의 제품 위에 감독관이 제시한 무늬를 포크를 이용하여 내준다. 윗불 약 190℃, 아랫불 약 140℃로 미리 예열된 오븐에 제품을 넣어 약 10~15분 정도 구워준다.

Tip

[제품평가]

❶ 정형한 반죽의 양에 대하여 부피가 알맞고 퍼짐이 일정하도록 한다. – 퍼짐이 크면 직경이 넓어져도 위로 올라오는 양이 적어져 부피감이 감소하기 때문
❷ 찌그러짐 없이 균일한 모양이어야 하며 전면이 대칭을 이루어야 한다.
❸ 표피 색상이 황금갈색이 되어야 하며 거칠지 않아야 한다.
❹ 식감이 전체적으로 부드럽고 표피와 더불어 버석버석하는 쇼트브레드 특유의 식감이 나야 한다.
❺ 끈적거림, 탄 냄새, 생 재료 맛 등이 느껴지지 않아야 한다.

[굽기관리]

- 오븐 내부의 온도가 일정하지 않으므로 일정한 시간이 지나면 위치를 바꿔준다.
- 제품이 완전히 익고 밝은 황색이 고루 나야하며 밑면에도 색깔이 어느 정도 나야 한다.

POINT

1. 제공된 재료의 경우 계량한 후 남는다고 감독관에게 반납하지 않고 시험이 완전히 완료되기 전까지는 가지고 있어야 한다. 예를 들어 반죽 안에 들어가는 달걀을 계량 후 남는다고 감독관에 다시 반납할 경우 계란물을 만들어야 하는 달걀이 없게 되므로 주의한다(한번 반납된 재료는 다시 제공되지 않음).
2. 제출 시에는 타공팬에 위생지를 깔고 제품을 낸다.
3. 오븐관리할 때는 오븐의 종류, 오븐 안에서의 팬의 위치에 따라 불의 세기가 달라질 수 있으므로 주의 깊게 살피고 팬을 중간에 한번 돌려주어 색이 고루 날 수 있도록 한다.

슈

요구사항 ≫ 슈를 제조하여 제출하시오.

1. 배합표의 껍질 재료를 계량하여 재료별로 진열하시오 (5분).
2. 껍질 반죽은 수작업으로 하시오.
3. 반죽은 직경 3cm 전후의 원형으로 짜시오.
4. 커스터드 크림을 껍질에 넣어 제품을 완성하시오.
5. 반죽은 전량을 사용하여 성형하시오.

❖ 배합표

재료명	비율(%)	무게(g)
물	125	325
버터	100	260
소금	1	(2)
중력분	100	260
달걀	200	520
계	526	1,367

※ 충전용 재료는 계량시간에서 제외

커스터드 크림	500	1,300

수험자 유의사항

1. 항목별 배점은 제조공정 60점, 제품평가 40점입니다.
2. 시험시간은 재료계량시간이 포함된 시간입니다.
3. 안전사고가 없도록 유의합니다.
4. 의문 사항이 있으면 감독위원에게 문의하고, 감독위원의 지시에 따릅니다.
5. 다음과 같은 경우에는 채점대상에서 제외됩니다.

미완성	• 시험시간 내에 작품을 제출하지 못한 경우
기권	• 수험자 본인이 수험 도중 기권한 경우
실격	• 작품의 가치가 없을 정도로 타거나 익지 않은 경우 • 주요 요구사항(수량, 모양, 반죽제조법)을 준수하지 않았을 경우 • 지급된 재료 이외의 재료를 사용한 경우 • 시험 중 시설·장비의 조작 또는 재료의 취급이 미숙하여 위해를 일으킬 것으로 감독위원 전원이 합의하여 판단한 경우

지급재료목록 자격 종목 : 제과 기능사

일련번호	재료명	규격	단위	수량	비고
1	밀가루	중력분	g	286	1인용
2	버터	무염	g	286	1인용
3	소금	정제염	g	3	1인용
4	달걀	60g (껍질포함)	개	11	1인용
5	커스터드 크림	커스터드 파우더로 제조된 것	g	1400	1인용
6	식용유	대두유	ml	50	1인용
7	위생지	식품용 (8절지)	장	2	1인용
8	부탄가스	가정용 (220g)	개	1	5인 공용
9	제품상자	제품포장용	개	1	5인 공용
10	얼음	식용	g	200	1인용 (겨울철 제외)

① 볼에 물, 소금, 버터를 넣고 센 불에서 팔팔 끓인 다음에 불을 끄고 중력분을 넣는다.

② 불 위에서 휘퍼로 저으면서 호화시킨다.

③ 반죽이 윤기가 흐를 때까지 밀가루를 익힌다.

④ 반죽의 표면이 골고루 호화가 되도록 잘 저어준다.

⑤ 바닥에 눋지 않도록 주의한다.

⑥ 반죽이 한 덩어리가 되면 완료

⑦ 불에서 내린 후 한 김이 나간 후에 달걀을 소량씩 나누어 넣는다.

⑧ 반죽에 끈기가 생기도록 거품기로 휘젓는다.
TIP 뜨거울 때 달걀을 바로 넣으면 달걀이 익을 수 있으므로 주의한다.

⑨ 반죽에 달걀을 골고루 섞이도록 한다.

⑩ 반죽이 질거나 되지 않도록 완성한다.
TIP 매끄러운 반죽상태로 거품기를 일자로 들었을 때 반죽의 끝이 V자로 들어지도록 한다. 너무 질거나 되지 않도록 한다.

⑪ 짤주머니에 둥근 모양 깍지를 끼고 반죽을 넣고 팬에 직경 3cm 크기로 일정하게 짠다.
2~3팬 정도 짠다.
TIP 시험장에서 요구하는 패닝양으로 조절하여 짠다.

⑫

⑬ 분무기로 물을 반죽 윗면에 충분히 뿌려준 후에 오븐에서 굽는다. 윗불 190℃, 아랫불 200℃에서 10~15분 정도 구운 후 색이 나면 윗불 170℃, 아랫불 160℃로 내린 후 20분 정도 더 굽는다. 분무기가 없을 경우에는 팬의 옆 부분으로 물을 천천히 넣고 그 물을 따라 버린 후 사용하기도 한다.

⑭ 충전용 작은 깍지를 낀 짤주머니에 커스터드크림을 넣어 준비한다.

⑮ 슈의 뒷부분에 나무젓가락 등을 이용하여 구멍을 낸다.

❶❻ **❶❹**의 커스터드크림을 능숙하게 크림의 양을 적당하게 넣어준다.

TIP 제출시에는 냉각팬에 위생지를 깔고 슈크림을 넣은 슈를 제출한다.

Tip

[제품평가]

❶ 분할량에 대하여 부피가 균일해야 하고 일정한 크기여야 한다.
❷ 부풀음이 있어서 속이 비어 있어야 한다.
❸ 찌그러지거나 주저앉지 않아야 한다.
❹ 껍질의 크기에 알맞은 양의 커스터드크림을 넣어야 하고 내부 껍질이 잘 익어야 한다.
❺ 껍질이 바삭해야 하고 커스터드크림의 양이 적정하여 슈크림 특유의 맛과 향이 어울러져야 한다.

[굽기관리]

- 슈를 오븐에 넣은 후에는 절대로 오븐 문을 열지 않는다. 슈가 주저앉을 수 있다.
- 굽기온도를 초기에 밑불을 강하게 하는 것은 반죽이 잘 부풀어 오르게 하기 위해서이다. 팽창이 잘 되고 표면이 거북이 등처럼 되고 색이 나면 밑불을 낮추고 윗불로 굽기를 하여 완전히 익고 황금색이 되도록 한다.

POINT

시험장에서 슈에 크림을 넣고 제출시 냉각팬에 위생지를 깔고 슈를 놓고 제출해야 깨끗하다.

BAKING CONFECTIONRY

시험시간 **1**시간 **40**분

시퐁 케이크
(시퐁법)

 요구사항 ≫ 시퐁 케이크(시퐁법)를 제조하여 제출하시오.

① 배합표의 각 재료를 계량하여 재료별로 진열하시오 (8분).
② 반죽은 시퐁법으로 제조하고 비중을 측정하시오.
③ 반죽온도는 23℃를 표준으로 하시오.
④ 비중을 측정하시오.
⑤ 시퐁팬을 사용하여 반죽을 분할하고 굽기하시오.
⑥ 반죽은 전량 사용하여 성형하시오.

❖ 배합표

재료명	비율(%)	무게(g)
박력분	100	400
설탕(A)	65	260
설탕(B)	65	260
달걀	150	600
소금	1.5	6
베이킹파우더	2.5	10
식용유	40	160
물	30	120
계	454	1,816

 수험자 유의사항

① 항목별 배점은 제조공정 60점, 제품평가 40점입니다.
② 시험시간은 재료계량시간이 포함된 시간입니다.
③ 안전사고가 없도록 유의합니다.
④ 의문 사항이 있으면 감독위원에게 문의하고, 감독위원의 지시에 따릅니다.
⑤ 다음과 같은 경우에는 채점대상에서 제외됩니다.

미완성	· 시험시간 내에 작품을 제출하지 못한 경우
기권	· 수험자 본인이 수험 도중 기권한 경우
실격	· 작품의 가치가 없을 정도로 타거나 익지 않은 경우 · 주요 요구사항(수량, 모양, 반죽제조법)을 준수하지 않았을 경우 · 지급된 재료 이외의 재료를 사용한 경우 · 시험 중 시설·장비의 조작 또는 재료의 취급이 미숙하여 위해를 일으킬 것으로 감독위원 전원이 합의하여 판단한 경우

 지급재료목록 | 자격 종목 | 제과 기능사 |

일련번호	재료명	규격	단위	수량	비고
1	밀가루	박력분	g	500	1인용
2	설탕	정백당	g	600	1인용
3	달걀	60g (껍질포함)	개	16	1인용
4	베이킹파우더	제과제빵용	g	14	1인용
5	소금	정제염	g	8	1인용
6	식용유	대두유	ml	270	1인용
7	위생지	식품용 (8절지)	장	10	1인용
8	제품상자	제품포장용	개	1	5인 공용
9	얼음	식용	g	200	1인용 (겨울철 제외)

과정

① 쉬퐁틀에 분무기로 물을 뿌려준다.

② 여분의 물이 빠지도록 팬을 뒤집어 놓아둔다.

③ 달걀 노른자를 스텐볼에 넣고 거품기로 잘 섞어준 후 설탕, 소금을 넣고 저어준다. 연한 노란색이 되면 식용유를 넣고 섞어준다.

④ 체친 가루(박력분, 베이킹파우더)를 넣고 거품기로 섞어준다.

⑤ 달걀 흰자와 주석산을 믹서볼에 넣고 믹서기에 장착한 후 약간의 설탕을 넣는다.

⑥ 고속으로 거품을 올린다.

⑦ 흰자의 색이 하얗게 되면(약 50% 휘핑) 두 번째 설탕을 넣고 거품기가 돌아가는 모양이 보이는 정도가 되면(약 70~80% 휘핑) 세 번째 설탕을 넣어 거품낸다.

⑧ 거품기를 들었을 때 끝이 뾰족하면서 약간 휘는 상태인 머랭(90% 휘핑)을 만든다.

⑨ ④에 단단하게 올린 머랭을 약 1/3가량 넣어 섞어준 후 잘 섞이면 또 1/3 가량을 넣어 잘 믹싱한다. 나머지 머랭까지 넣어 가볍게 잘 섞어준다.

⑩ 반죽을 완성한다(반죽온도 23℃).

⑪ 미리 준비해둔 시퐁틀에 반죽이 팬 옆면에 지저분하게 묻지 않도록 조심스럽게 패닝한다(약 60%).

TIP 패닝한 후에는 반죽을 젓가락으로 휘휘 저어주면 큰 기포를 없앨 수 있다.

⑫ 패닝한 후 윗불 180℃, 아랫불 140℃에서 약 30분 동안 구워준다.

Tip

[제품평가]

❶ 적정한 분할량이 되어야 하며 각각 제품의 부피가 균일해야 한다.

❷ 찌그러짐이 없고 대칭을 이루어야 한다.

❸ 밑면의 색깔이 옅으며 부위별로 고른 색상을 갖도록 해야 한다.

❹ 터지거나 케이크 조각이 떨어지지 않도록 해야 한다.

❺ 기공과 조직이 고르며 탄력성이 좋으며 부드러워야 한다.

❻ 씹는 촉감이 부드러우면서 끈적거림, 탄 냄새, 생 재료 맛이 없어야 한다.

[굽기관리]

- 오븐 내부의 온도가 일정하지 않으므로 일정한 시간이 지나면 위치를 바꿔준다.
- 제품이 고르게 익고 터지거나 타지 않도록 한다.

POINT

1. 오븐에서 꺼내자마자 식힐 때는 팬을 뒤집어 두고 빨리 식히기 위해 그 위에 젖은 행주를 덮어 놓기도 한다.
2. 팬을 뒤집어서 식히는 이유는 윗면의 찌그러짐 방지와 팬과 케이크가 잘 분리되게 하기 위해서이다.

BAKING CONFECTIONRY

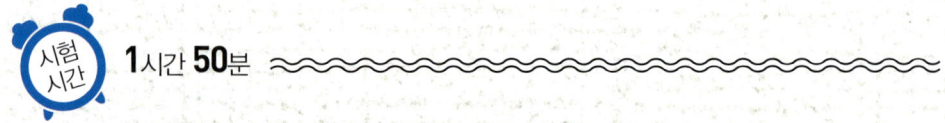
시험시간 1시간 50분

옐로레이어 케이크

 요구사항 ≫ 옐로레이어 케이크를 제조하여 제출하시오.

❶ 배합표의 각 재료를 계량하여 재료별로 진열하시오 (10분).
❷ 반죽은 크림법으로 제조하시오.
❸ 반죽온도는 23℃를 표준으로 하시오.
❹ 반죽의 비중을 측정하시오.
❺ 제시한 팬에 알맞도록 분할하시오.
❻ 반죽은 전량을 사용하여 성형하시오.

❖ 배합표

재료명	비율(%)	무게(g)
박력분	100	600
설탕	110	660
쇼트닝	50	300
달걀	55	330
소금	2	12
유화제	3	18
베이킹파우더	3	18
탈지분유	8	48
물	72	432
바닐라향	0.5	3
계	403.5	2,421

 수험자 유의사항

❶ 항목별 배점은 제조공정 60점, 제품평가 40점입니다.
❷ 시험시간은 재료계량시간이 포함된 시간입니다.
❸ 안전사고가 없도록 유의합니다.
❹ 의문 사항이 있으면 감독위원에게 문의하고, 감독위원의 지시에 따릅니다.
❺ 다음과 같은 경우에는 채점대상에서 제외됩니다.

미완성	• 시험시간 내에 작품을 제출하지 못한 경우
기권	• 수험자 본인이 수험 도중 기권한 경우
실격	• 작품의 가치가 없을 정도로 타거나 익지 않은 경우 • 주요 요구사항(수량, 모양, 반죽제조법)을 준수하지 않았을 경우 • 지급된 재료 이외의 재료를 사용한 경우 • 시험 중 시설·장비의 조작 또는 재료의 취급이 미숙하여 위해를 일으킬 것으로 감독위원 전원이 합의하여 판단한 경우

 지급재료목록 자격 종목 | 제과 기능사

일련번호	재료명	규격	단위	수량	비고
1	밀가루	박력분	g	660	1인용
2	설탕	정백당	g	726	1인용
3	쇼트닝	제과제빵용	g	330	1인용
4	달걀	60g(껍질포함)	개	7	1인용
5	소금	정제염	g	13	1인용
6	유화제	제과용	g	20	1인용
7	베이킹파우더	제과제빵용	g	20	1인용
8	탈지분유	제과제빵용	g	53	1인용
9	바닐라향	분말	g	4	1인용
10	식용유	대두유	ml	50	1인용
11	위생지	식품용(8절지)	장	10	1인용
12	제품상자	제품포장용	개	1	5인 공용
13	얼음	식용	g	200	1인용 (겨울철 제외)

과정

❶ 쇼트닝을 믹서볼에 넣고 부드럽게 풀어준다.

❷ ❶에 설탕, 소금, 유화제를 넣어 잘 섞어준다.
TIP 설탕이 완전히 녹지 않으면 제품의 윗면에 반점이 생길 수 있다.

❸ 부드럽게 잘 풀리지 않으면 (날씨가 춥거나 유지류가 차가운 경우) 따뜻한 물을 대주어 잘 풀어질 수 있도록 한다.

❹ 잘 풀리면 달걀 노른자부터 넣어 잘 유화시킨 후 나머지 달걀 흰자를 천천히 2~3회로 나누어 분리가 나지 않도록 잘 믹싱하여 연한 아이보리 색이 되도록 한다.

❺ ❹에 물을 넣어 저속으로 믹싱한다.

❻ 체친 가루(박력분, 베이킹파우더, 바닐라향)를 넣고 주걱으로 부드럽게 섞어 반죽을 완성한다(반죽온도 23℃).

❼ 미리 위생지를 깔아둔 원형 3호팬에 약 60% 정도 패닝하고(모든 팬에 동일한 양이 패닝되도록 함) 윗불 175℃, 아랫불 160℃에서 약 30분 가량 굽는다.

Tip

[제품평가]

❶ 윗면이 평평하게 되도록 하게 하며 넘쳐흐르거나 팬 밑으로 내려가지 않도록 한다.
❷ 찌그러짐 없이 낮은 원기둥 모양으로 대칭이 되도록 한다.
❸ 윗 껍질 색상이 밝은 갈색을 띠게 하며 옆면과 밑면에도 적당한 색이 나야 한다.
❹ 줄무늬 등이 생기지 않도록 해야 하며 기공과 조직이 부위별로 균일하도록 한다.
❺ 씹는 촉감이 부드러워야 하며 수분 함량이 높은 케이크로 거친 맛이 나지 않도록 한다.

[굽기관리]

- 너무 오래 구워도 안되지만 속이 익지 않은 부분이 있으면 냉각 시 주저앉을 수 있으므로 주의한다.
- 오븐의 위치에 따라 온도차이가 날 수 있으므로 적절한 시간에 위치를 바꾸어 준다.

POINT

1. 유지가 잘 섞이지 않으면 덩어리로 남기 때문에 주걱으로 믹서볼을 자주 긁으며 믹싱해야 한다.
2. 달걀을 넣고나서 분리가 나면 안되는 이유는 유지와 물이 섞이지 않아 물과 밀가루가 바로 만나 섞는 동안 글루텐이 많이 생길 수 있기 때문에 최대한 분리가 나지 않도록 제조해야 한다.

BAKING CONFECTIONRY

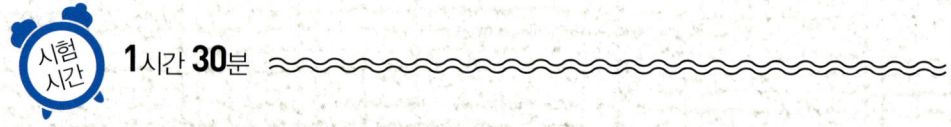
시험시간 1시간 30분

젤리롤 케이크

요구사항 ≫ 젤리롤 케이크를 제조하여 제출하시오.

1. 배합표의 각 재료를 계량하여 재료별로 진열하시오 (8분).
2. 반죽은 공립법으로 제조하시오.
3. 반죽온도는 23℃를 표준으로 하시오.
4. 반죽의 비중을 측정하시오.
5. 제시한 팬에 알맞도록 분할하시오.
6. 반죽은 전량을 사용하여 성형하시오.
7. 캐러멜 색소를 이용하여 무늬를 완성하시오.

❖ 배합표

재료명	비율(%)	무게(g)
박력분	100	400
설탕	130	520
달걀	170	680
소금	2	8
물엿	8	32
베이킹파우더	0.5	2
우유	20	80
바닐라향	1	4
계	431.5	1,726

※ 충전용 재료는 계량시간에서 제외

잼	50	200

수험자 유의사항

1. 항목별 배점은 제조공정 60점, 제품평가 40점입니다.
2. 시험시간은 재료계량시간이 포함된 시간입니다.
3. 안전사고가 없도록 유의합니다.
4. 의문 사항이 있으면 감독위원에게 문의하고, 감독위원의 지시에 따릅니다.
5. 다음과 같은 경우에는 채점대상에서 제외됩니다.

미완성	• 시험시간 내에 작품을 제출하지 못한 경우
기권	• 수험자 본인이 수험 도중 기권한 경우
실격	• 작품의 가치가 없을 정도로 타거나 익지 않은 경우 • 주요 요구사항(수량, 모양, 반죽제조법)을 준수하지 않았을 경우 • 지급된 재료 이외의 재료를 사용한 경우 • 시험 중 시설·장비의 조작 또는 재료의 취급이 미숙하여 위해를 일으킬 것으로 감독위원 전원이 합의하여 판단한 경우

지급재료목록 자격 종목 제과 기능사

일련 번호	재료명	규격	단위	수량	비고
1	밀가루	박력분	g	440	1인용
2	설탕	정백당	g	572	1인용
3	달걀	60g(껍질포함)	개	15	1인용
4	소금	정제염	g	9	1인용
5	물엿	이온엿, 제과용	g	35	1인용
6	베이킹파우더	제과제빵용	g	3	1인용
7	우유	시유	g	88	1인용
8	캐러멜색소	제과용	g	2	1인용
9	잼	과일잼류	g	220	1인용
10	바닐라향	분말	g	5	1인용
11	식용유	대두유	ml	50	1인용
12	위생지	식품용(8절지)	장	10	1인용
13	제품상자	제품포장용	개	1	5인 공용
14	얼음	식용	g	200	1인용 (겨울철 제외)

과정

1 믹서볼에 달걀을 넣고 잘 풀어준 후 설탕, 소금, 물엿을 넣고 섞어준다.

2 중탕물에 올려 거품기로 잘 저어가며 43℃까지 온도를 올려준다.
이유 ; 달걀 노른자에는 지방 성분이 들어있어서 온도를 올리지 않으면 거품이 잘 나지 않으므로 중탕물을 이용하여 온도를 높혀준다.

3 온도가 올라가면 믹서기에 장착하여 중고속으로 믹싱한다.

4 반죽이 연한 아이보리색으로 변하고 반죽을 들어올려 떨어뜨렸을 때 자국이 그대로 남아있을 때까지 믹싱한다.

5 체친 가루(박력분, 베이킹파우더, 바닐라향)를 ❹에 넣어 가볍게 섞어준다.

6 미지근하게 데운 우유에 반죽을 일부 덜어 넣고 섞어준다.

7 ❻을 원래 반죽에 넣어 잘 섞어 완성한다(반죽온도 23℃).

8 완성된 반죽을 약간 덜어낸 후 캐러멜 색소를 넣어 갈색 반죽을 만든다.

9 ❽의 반죽을 짤주머니에 넣어둔다.

10 미리 종이를 깔아 준비한 평철판에 반죽을 붓고 주걱이나 스크래퍼를 이용하여 평평하게 패닝한다.

11 ❾로 지그재그 무늬를 그려준다.

12 이쑤시개나 젓가락을 이용하여 반대방향으로 그어 물결 무늬를 만들어준다.

13 윗불 180℃, 아랫불 160℃에서 약 20분 정도 구운 후 냉각팬에 올린다.

14 위생지에 식용유를 발라준다.

15 ⓮ 위에 구워둔 시트를 올리고 위생지를 떼어낸다.
TIP 만약 위생지가 잘 떨어지지 않으면 분무기를 이용하거나 붓에 물을 바른 후 발라 떨어지기 쉽게 한다.

⑯ 제공된 잼을 스패출러를 이용하여 골고루 발라준다.

⑰ 가운데 부분으로 말리는 곳에 1~2cm 간격으로 칼집을 2줄 넣어준다.

⑱ 기름바른 위생지의 밑으로 밀대를 넣고 말아준다.

⑲ 종이가 찢어지지 않도록 적절한 힘을 주어 말도록 한다.

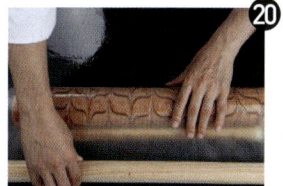
⑳ 완전히 말리면 밀대와 위생지를 적절히 당겨주어 롤케이크가 단단히 말리도록 한다.

㉑ 잠시동안 그대로 둔 후 제출 시에는 위생지를 제거하고 타공팬에 새로운 위생지를 깔고 롤케이크를 올려 제출한다.

Tip

[제품평가]

❶ 팬에 맞는 반죽량으로 적정한 부피가 되어야 하며 말아 놓은 제품의 부피가 균일해야 한다.

❷ 찌그러짐 없이 균일한 원기둥 모양으로 굵거나 가는 부위 없이 대칭이 되어야 한다.

❸ 터지거나 주름진 부분이 없어야 하며 벗겨진 껍질 부위가 없어야 한다.

❹ 지나치게 눌려있거나 허술해서는 안되며 잼의 두께가 알맞고 균일해야 한다.

❺ 식감이 부드럽고 젤리롤 특유의 맛과 향이 잼 맛과 어울리도록 한다.

[굽기관리]

- 오버베이킹 또는 언더베이킹은 피한다.
- 윗면 껍질이 벗겨지지 않도록 한다.
- 오븐 내부의 온도가 일정하지 않으므로 일정한 시간이 지나면 위치를 바꿔준다.

BAKING CONFECTIONRY

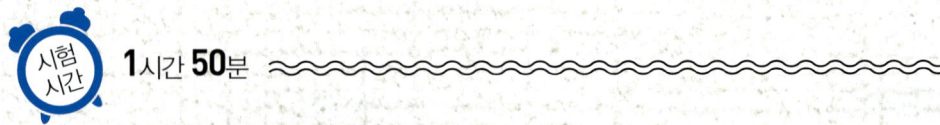
시험시간 1시간 50분

찹쌀도넛

요구사항 ≫ 찹쌀도넛을 제조하여 제출하시오.

❶ 배합표의 각 재료를 계량하여 재료별로 진열하시오 (8분).
❷ 반죽은 1단계법, 익반죽으로 제조하시오.
❸ 반죽 1개의 분할 무게는 40g, 팥앙금 무게는 30g으로 제조하시오.
❹ 반죽은 전량을 사용하여 성형하시오.
❺ 기름에 튀겨낸 뒤 설탕을 묻히시오.

❖ 배합표

재료명	비율(%)	무게(g)
찹쌀가루	85	510
중력분	15	90
설탕	15	90
소금	1	6
베이킹파우더	2	12
베이킹소다	0.5	3
쇼트닝	6	36
물	22~26	132~156
계	146.5~150.5	879~903

※ 충전용 재료는 계량시간에서 제외

통팥앙금	110	660
설탕	20	120

수험자 유의사항

❶ 항목별 배점은 제조공정 60점, 제품평가 40점입니다.
❷ 시험시간은 재료계량시간이 포함된 시간입니다.
❸ 안전사고가 없도록 유의합니다.
❹ 의문 사항이 있으면 감독위원에게 문의하고, 감독위원의 지시에 따릅니다.
❺ 다음과 같은 경우에는 채점대상에서 제외됩니다.

미완성	• 시험시간 내에 작품을 제출하지 못한 경우
기권	• 수험자 본인이 수험 도중 기권한 경우
실격	• 작품의 가치가 없을 정도로 타거나 익지 않은 경우 • 주요 요구사항(수량, 모양, 반죽제조법)을 준수하지 않았을 경우 • 지급된 재료 이외의 재료를 사용한 경우 • 시험 중 시설·장비의 조작 또는 재료의 취급이 미숙하여 위해를 일으킬 것으로 감독위원 전원이 합의하여 판단한 경우

지급재료목록 자격 종목 제과 기능사

일련번호	재료명	규격	단위	수량	비고
1	찹쌀가루	찹쌀가루 (방앗간용:4시간 정도 침지하여 롤링 2번한 가루)	g	600	1인용
2	밀가루	중력분	g	200	1인용
3	밀가루 (덧가루용)	강력분	g	100	1인용
4	설탕	정백당	g	300	1인용
5	소금	정제염	g	10	1인용
6	쇼트닝	제과용	g	45	1인용
7	베이킹파우더	제과용	g	20	1인용
8	베이킹소다	제과용	g	5	1인용
9	통팥앙금		g	700	1인용
10	위생지	식품용(8절지)	장	10	1인용
11	식용유	대두유	ml	1500	1인용
12	부탄가스	가정용(220g)	개	1	2인 공용
13	제품상자	제품포장용	개	1	5인 공용
17	얼음	식용	g	200	1인용 (겨울철 제외)

과정

① 가루재료는 모두 체에 쳐서 준비한다.

② 믹싱 볼에 물을 제외한 모든 재료를 넣는다.

③ 계량을 한 끓인 물을 넣는다(익반죽).

④ 비터를 이용하여 반죽을 한다. 훅을 이용한 반죽도 가능하다.

⑤ 부드럽게 한덩어리가 되도록 한다.

⑥ 반죽을 40g으로 분할하고 둥글리기를 한다.
TIP 반죽은 비닐이나 면포를 덮어서 반죽이 마르지 않도록 한다.

⑦ 빠르게 둥글리기를 한 후 비닐을 덮어 놓는다.

⑧ 팥앙금도 30g으로 분할하여 갯수에 맞게 동그랗게 만들어 두고 비닐을 덮어둔다.

⑨ 앙금주걱(헤라)를 이용하여 반죽 안에 팥앙금을 넣고 돌려가면서 싸준다.

⑩ 팥앙금이 가운데 올 수 있도록 눌러주면서 싼다.

⑪ 앙금을 거의 싸게 되면 반죽을 손으로 모아가며 꼬집어 마무리 한다.

⑫ 끝마무리가 잘 안되면 튀길 때 터지므로 잘 마무리 한다.

⑬ 튀김기름은 180~190℃정도로 맞추어 놓는다.
TIP 튀김 온도가 너무 높으면 부피가 작아질 수 있다.

⑭ 도넛반죽을 넣을 때는 불을 끄고 넣고, 도넛이 기름 위로 떠오르면 불을 다시 켜고 튀긴다.

⑮ 앙금을 싼 반죽을 넣고 튀김채로 굴려가면서 색이 골고루 나도록 튀긴다.

⑯ 색이 나면서 떠 올라도 튀김채를 이용하여 계속 굴려준다.

⑰ 익어가는 도중에도 계속 굴러주어야 색이 고르게 난다.

⑱ 골고루 색이 나도록 한 뒤 채를 이용하여 건진다.

⑲ 건져낼 때 기름이 튀지 않도록 주의한다.

⑳ 튀긴 찹쌀도넛은 식힘 망에 유산지를 깔고 기름을 빼고 한 김이 나간 .후에 설탕을 묻혀서 22개를 제출한다.

TIP 찹쌀도넛이 너무 뜨거운 상태에서 설탕을 묻히면 설탕이 녹을 수 있으니 주의한다. 찹쌀도넛의 냉각을 너무 많이 시키면 설탕이 적게 묻는다.

㉑ 충분히 식힌 후 설탕을 고루 묻혀 제출한다.

Tip

[제품평가]

❶ 부피는 분할량에 대한 적정한 부피여야 한다.

❷ 찌그러짐이 없이 균일한 모양을 지니고 터진 데가 없어야 한다.

❸ 껍질은 질기거나 두껍지 않아야 하며 타거나 익지 않은 부분이 없어야 한다.

❹ 튀긴 후에 흡유 상태가 균일하고 느끼하지 않아야 한다.

❺ 내상의 경우 앙금이 중앙에 위치하고 밀도가 균일해야 한다.

❻ 찹쌀도넛 껍질의 조직감과 앙금의 맛이 조화를 이루어야 한다.

❼ 생 재료 맛 등이 나면 안 되고 속이 끈적거리면 안 된다.

BAKING CONFECTIONRY

시험시간 1시간 50분

초코머핀
(초코컵 케이크)

요구사항 ≫ 초코머핀(초코컵 케이크)을 제조하여 제출하시오.

① 배합표의 각 재료를 계량하여 재료별로 진열하시오 (11분).
② 반죽은 크림법으로 제조하시오.
③ 반죽온도는 24℃를 표준으로 하시오.
④ 초코칩은 제품의 내부에 골고루 분포되게 하시오.
⑤ 반죽분할은 주어진 팬에 알맞은 양으로 반죽을 패닝하시오.
⑥ 반죽은 전량을 사용하여 분할하시오.

❖ 배합표

재료명	비율(%)	무게(g)
박력분	100	500
설탕	60	300
버터	60	300
달걀	60	300
소금	1	5
베이킹소다	0.4	2
베이킹파우더	1.6	8
코코아파우더	12	60
물	35	175
탈지분유	6	30
초코칩	36	180
계	372	1,860

 수험자 유의사항

① 항목별 배점은 제조공정 60점, 제품평가 40점입니다.
② 시험시간은 재료계량시간이 포함된 시간입니다.
③ 안전사고가 없도록 유의합니다.
④ 의문 사항이 있으면 감독위원에게 문의하고, 감독위원의 지시에 따릅니다.
⑤ 다음과 같은 경우에는 채점대상에서 제외됩니다.

미완성	• 시험시간 내에 작품을 제출하지 못한 경우
기권	• 수험자 본인이 수험 도중 기권한 경우
실격	• 작품의 가치가 없을 정도로 타거나 익지 않은 경우 • 주요 요구사항(수량, 모양, 반죽제조법)을 준수하지 않았을 경우 • 지급된 재료 이외의 재료를 사용한 경우 • 시험 중 시설·장비의 조작 또는 재료의 취급이 미숙하여 위해를 일으킬 것으로 감독위원 전원이 합의하여 판단한 경우

 지급재료목록 | 자격 종목 | 제과 기능사 |

일련번호	재료명	규격	단위	수량	비고
1	밀가루	박력분	g	550	1인용
2	설탕	정백당	g	330	1인용
3	버터	무염	g	330	1인용
4	달걀	60g(껍질포함)	개	7	1인용
5	소금	정제염	g	8	1인용
6	베이킹소다	제과용	g	3	1인용
7	베이킹파우더	제과용	g	10	1인용
8	코코아파우더	제과용	g	70	1인용
9	탈지분유	제과제빵용	g	40	1인용
10	초코칩	제과용	g	200	1인용
11	머핀종이	식품용 (머핀종이)	개	30	1인용
12	위생지	식품용(8절지)	장	4	1인용
13	제품상자	제품포장용	개	1	5인 공용
14	얼음	식용	g	200	1인용 (겨울철 제외)

과정

❶ 버터를 거품기로 포마드 상태로 부드럽게 풀어준다.

❷ 부드럽게 풀어둔 버터에 설탕을 조금씩 넣어가며 잘 섞어준다.

❸ ❷에 계란 노른자를 먼저 넣어 잘 유화시킨 후 나머지 흰자도 2~3회로 나누어 넣어 잘 믹싱한다.

❹ 가루재료(박력분, 베이킹파우더, 베이킹소다, 코코아파우더, 탈지분유)를 모두 체 친다.

❺ 체친 밀가루를 ❸에 넣어 글루텐이 생기지 않도록 자르듯 잘 섞어준다.

❻ 물을 넣어 되기를 조절한다.

❼ 적절한 반죽상태가 되도록 주걱으로 잘 섞어 반짝이는 광택이 나는 반죽으로 만든다.

❽ 분량의 초코칩 2/3를 반죽에 넣어 고루 섞는다.

❾ 짤주머니에 반죽을 담는다.

❿ 제시된 머핀틀에 유산지 컵종이를 깔고 틀의 약 70% 정도의 반죽을 균일한 양으로 짜준다.

⓫ 반죽 윗면에 남은 초코칩을 고루 뿌려주고 미리 예열된 오븐 윗불 약 180℃, 아랫불 약 150℃에서 26분 정도 굽는다.

Tip

[제품평가]

❶ 반죽상태, 베이킹파우더와 베이킹소다의 사용, 굽는 방법에 따라 부피가 달라지므로 주의한다.

❷ 윗면 가운데가 약간 올라와 균형 잡힌 모양이 나오면 좋다.

❸ 옆면과 밑면에도 적당한 색이 나오도록 하며 껍질이 너무 두꺼워져 질겨지지 않도록 해야 한다.

❹ 초콜릿 갈색이 균일하고 줄무늬나 달걀 덩어리가 없어야 한다.

❺ 초코칩이 내면에 고루 분포 되어있어야 하며 밑으로 가라앉거나 한쪽에 몰려 있으면 안된다.

❻ 속이 끈적하거나 탄 냄새, 생 재료의 맛이 나면 안된다.

[굽기관리]

- 익지 않은 부위가 없어야 한다(언더베이킹 주의).
- 오븐의 내부 위치에 따라 색이 달라지게 구워질 수 있으므로 적절한 시간에 위치를 바꾸어 균일한 색이 나도록 한다.

POINT

초코칩을 토핑할 때는 윗면에 모든 제품에 골고루 뿌려준다.

BAKING CONFECTIONRY

시험시간 **2**시간 **30**분

치즈 케이크

 요구사항 >>> 치즈 케이크를 제조하여 제출하시오.

① 배합표의 각 재료를 계량하여 재료별로 진열하시오 (9분).
② 반죽은 별립법으로 제조하시오.
③ 반죽온도는 20℃를 표준으로 하시오.
④ 반죽의 비중을 측정하시오.
⑤ 제시한 팬에 알맞도록 분할하시오.
⑥ 굽기는 중탕으로 하시오.
⑦ 반죽은 전량을 사용하시오.

❖ 배합표

재료명	비율(%)	무게(g)
중력분	100	80
버터	100	80
설탕(A)	100	80
설탕(B)	100	80
달걀	300	240
크림치즈	500	400
우유	162.5	130
럼주	12.5	10
레몬주스	25	20
계	1,400	1,120

 수험자 유의사항

① 항목별 배점은 제조공정 60점, 제품평가 40점입니다.
② 시험시간은 재료계량시간이 포함된 시간입니다.
③ 안전사고가 없도록 유의합니다.
④ 의문 사항이 있으면 감독위원에게 문의하고, 감독위원의 지시에 따릅니다.
⑤ 다음과 같은 경우에는 채점대상에서 제외됩니다.

미완성	• 시험시간 내에 작품을 제출하지 못한 경우
기권	• 수험자 본인이 수험 도중 기권한 경우
실격	• 작품의 가치가 없을 정도로 타거나 익지 않은 경우 • 주요 요구사항(수량, 모양, 반죽제조법)을 준수하지 않았을 경우 • 지급된 재료 이외의 재료를 사용한 경우 • 시험 중 시설·장비의 조작 또는 재료의 취급이 미숙하여 위해를 일으킬 것으로 감독위원 전원이 합의하여 판단한 경우

 지급재료목록 [자격 종목] [제과 기능사]

일련번호	재료명	규격	단위	수량	비고
1	밀가루	중력분	g	88	1인용
2	버터	무염	g	160	1인용
3	설탕	정백당	g	250	1인용
4	달걀	60g (껍질포함)	개	5	1인용
5	크림치즈	후레시 크림치즈	g	440	1인용
6	우유	시유	mL	138	1인용
7	럼주	캡틴큐 또는 나폴레옹	mL	11	1인용
8	레몬주스		mL	22	1인용
9	위생지	식품용 (8절지)	장	2	1인용
10	제품상자	제품포장용	개	1	5인 공용
11	얼음	식용	g	200	1인용 (겨울철 제외)

과정

1. 제시한 팬의 안쪽에 녹인 버터를 바르고 설탕을 뿌린다.

2. 중탕 볼 안에 행주를 넣으면 중탕 볼이 흔들리지 않는다.

3. 크림치즈는 중탕 볼에 넣어서 부드럽게 만들도록 주걱으로 덩어리를 풀어준다.

4. 버터와 크림치즈를 부드럽게 풀어준다.

5. 고무주걱을 이용하여 부드럽게 섞어준다.
   TIP 잘 풀리지 않으면 덩어리가 생길 수 있다.

6. 어느 정도 섞이면 거품기를 이용하여 크림화 시킨다.

7. 설탕(A)을 넣는다.

8. ❼에 노른자를 넣는다.

9. 노른자를 넣으면서 거품기로 계속 크림화를 한다.

10. 부드러운 크림상태가 되도록 한다.

11. ❿에 우유와 레몬주스를 넣는다.

12. 럼주를 넣어 준다.

13. 거품기로 골고루 잘 섞는다.

14. 흰자에 설탕(B)을 나누어 머랭을 90% 만든다.
    TIP 머랭을 알아보는 방법은 거품기을 들어 올려서 머랭의 끝이 살짝 휘는 정도면 된다.

15. 흰자를 부드럽게 섞어 알끈을 풀어준다.

16. 설탕 1/2을 넣어 머랭을 올린다.

⑰ 60% 머랭이 올라오면 나머지 설탕 1/2을 넣는다.

⑱ 끝 모양이 뾰족한 형태를 유지하는 90% 상태까지 올린다.

⑲ 치즈 반죽에 머랭을 1/2 넣고 섞는다.

⑳ 체친 중력분을 넣고 주걱으로 섞는다.

㉑ 덩어리가 생기지 않도록 빠르게 섞는다.

㉒ 나머지 머랭을 섞는다(비중 0.70±0.05, 반죽온도 20℃).

㉓ 모든 재료를 넣은 반죽을 짤주머니에 넣는다.

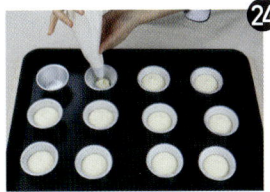
㉔ 팬에 ❶에서 준비한 틀을 넣고 틀 안쪽에 반죽을 70~80% 정도 패닝한다(20개 정도). 패닝을 한 후에는 컵을 살짝 바닥에 친다.

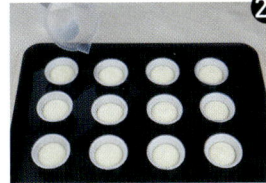
㉕ 굽기 전에 패닝한 컵을 일정한 간격으로 놓고 끓는 물을 넣는다.

TIP 물을 넣을 때는 오븐 앞에서 넣는 것이 좋다.
끓인 물은 틀의 1/3 정도 붓는다. 끓는 물이 반죽에 들어가지 않도록 주의한다.
패닝 컵을 놓기 전에 유산지를 깔고 컵을 놓으면 컵이 움직이지 않는다.

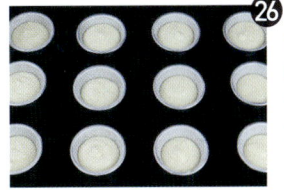
㉖

Tip

[제품평가]

❶ 부피는 사용한 팬 위로 반죽이 넘치거나 팬의 높이 보다 낮아서는 안 된다.
❷ 밝은 갈색으로 식용을 돋우는 색이어야 한다.
❸ 윗면에 반점이나 기포가 없어야 하고 평평해야 한다.
❹ 큰 기공이 없어야 하고 균일한 기공과 조직이어야 한다.
❺ 식감이 부드럽고 치즈케이크의 맛과 향이 조직감과 어우러져야 한다.
❻ 속이 끈적거리거나 달걀 냄새가 없이 익지 않은 부분이 없고 촉촉한 식감을 가져야 한다.

[굽기관리]

- 중탕법으로 윗불 150℃, 아랫불 150℃에서 60분 정도 굽는다.
- 구운 후에는 한 김 식힌 다음 컵에서 조심스럽게 뺀다.

BAKING CONFECTIONRY

시험시간 **2**시간 **20**분

타르트

요구사항 >>> 타르트를 제조하여 제출하시오.

❶ 배합표의 반죽용 재료를 계량하여 재료별로 진열하시오(5분).
  (충전물·토핑 등의 재료는 휴지시간을 활용하시오.)
❷ 반죽은 크림법으로 제조하시오.
❸ 반죽온도는 20℃를 표준으로 하시오.
❹ 반죽은 냉장고에서 20~30분 정도 휴지를 주시오.
❺ 반죽은 두께 3mm정도 밀어펴서 팬에 맞게 성형하시오.
❻ 아몬드크림을 제조해서 팬(Ø10~12cm) 용적에 60~70% 정도 충전하시오.
❼ 아몬드슬라이스를 윗면에 고르게 장식하시오.
❽ 8개를 성형하시오.
❾ 광택제로 제품을 완성하시오.

❖ 배합표

- 빵반죽

재료명	비율(%)	무게(g)
박력분	100	400
달걀	25	100
설탕	26	104
버터	40	160
소금	0.5	2
계	191.5	766

- 충전물

재료명	비율(%)	무게(g)
아몬드분말	100	250
설탕	90	225
버터	100	250
달걀	65	162.5
브랜디	12	30
계	367	917.5

- 광택제 및 토핑

재료명	비율(%)	무게(g)
에프리코트혼당	100	150
물	40	60
계	140	210
아몬드슬라이스	66.6	100

|빵반죽|

|충전물|

|광택제 및 토핑|

수험자 유의사항

❶ 항목별 배점은 제조공정 60점, 제품평가 40점입니다.
❷ 시험시간은 재료계량시간이 포함된 시간입니다.
❸ 안전사고가 없도록 유의합니다.
❹ 의문 사항이 있으면 감독위원에게 문의하고, 감독위원의 지시에 따릅니다.
❺ 다음과 같은 경우에는 채점대상에서 제외됩니다.

미완성	• 시험시간 내에 작품을 제출하지 못한 경우
기권	• 수험자 본인이 수험 도중 기권한 경우
실격	• 작품의 가치가 없을 정도로 타거나 익지 않은 경우 • 주요 요구사항(수량, 모양, 반죽제조법)을 준수하지 않았을 경우 • 지급된 재료 이외의 재료를 사용한 경우 • 시험 중 시설·장비의 조작 또는 재료의 취급이 미숙하여 위해를 일으킬 것으로 감독위원 전원이 합의하여 판단한 경우

지급재료목록 자격 종목: 제과 기능사

일련번호	재료명	규격	단위	수량	비고
1	밀가루	박력분	g	500	1인용
2	달걀	60g(껍질포함)	개	7	1인용
3	설탕	정백당	g	350	1인용
4	소금	정제염	g	5	1인용
5	버터	무염	g	450	1인용
6	아몬드분말	제과제빵용	g	300	1인용
7	브랜디	제과용(500g)	g	35	1인용
8	아몬드슬라이스	제과용(1kg)	g	110	1인용
9	에프리코팅혼당	플라스틱통(5kg)	g	160	1인용
10	부탄가스	가정용(220g)	개	1	5인용
11	위생지	식품용(8절지)	장	10	1인용
12	제품상자	제품포장용	개	1	5인 공용
13	얼음	식용	g	200	1인용(겨울철 제외)

과정

❶ 볼에 버터를 넣고 거품기로 부드럽게 풀어준 후, 소금과 설탕을 넣고 크림화 한다.

❷ ❶에 계란을 나누어 넣는다.

❸ ❷를 부드러운 크림 상태를 만든다.

❹ ❸에 박력분을 체 쳐서 가볍게 섞어준다(반죽온도 20℃).

❺ 밀가루가 보이지 않을 때까지 섞어준다.

❻ 반죽을 비닐에 펼친다.

❼ 냉장고에서 20~30분 휴지를 시킨다.

❽ **충전용 크림 만들기**
충전물용 버터를 부드럽게 풀어 주고 설탕을 넣어 크림화 한다.

❾ ❽에 계란을 넣어준다.

❿ 체 친 아몬드분말을 넣는다.

⓫ 브랜디를 섞는다.

⓬ 충전물을 원형 모양깍지를 끼운 짤 주머니에 담는다.

⓭ 짤주머니의 뒤를 묶어서 크림이 나오지 않도록 한다.

⓮ **타르트 성형하기**
휴지시킨 반죽을 밀대로 민다.

⓯ 두께가 3mm로 일정하게 되도록 한다.

⑯ 8개틀(10~12cm) 팬을 준비하고 밀기를 한 반죽을 패닝한다.

TIP 시험장에서 제시하는 팬의 크기에 맞추어 수량을 만든다. 팬에 반죽을 넣고 팬의 안 쪽 부분에 공간이 생기지 않도록 손가락으로 잘 눌러준다.

⑲ 충전용 아몬드 크림을 짤주머니로 60~70% 정도 돌려서 짜준다.

⑳ 윗면에 슬라이스 아몬드를 골고루 뿌린다.

⑰ 틀 주변의 여분의 반죽을 스크레퍼로 잘라낸다.

㉑ 윗불 180℃, 아랫불 200℃에서 25~30분 정도 굽는다.

⑱ 포크로 바닥에 구멍을 낸다.

Tip

[제품평가]

❶ 타르드 껍질 직경에 대한 충전물의 양이 알맞게 들어 있어 부피감이 적정해야 한다.

❷ 충전물이 많아 볼록하게 올라오지 않고 적어서 위면이 움푹 들어가지 않아야 한다.

❸ 전체적으로 주저 앉거나 일그러지지 않아야 한다.

❹ 타르트 껍질을 너무 두껍질 않고 질기지 않아야 한다.

❺ 윗면의 토핑물이 골고루 분포가 되어 있어야 하고 타거나 익지 않은 부분이 없어야 한다.

❻ 충전물에 덩어리가 없어야 하고 익지 않은 부위가 없고 너무 조밀하거나 느슨한 공간이 없어야 한다.

❼ 타르트 껍질과 충전물이 조화를 이루어 타르트 특유의 맛과 향이 좋아야 한다.

❽ 슬라이스 아몬드와 광택제가 서로 잘 어울려 촉감과 향미가 좋아야 한다.

❾ 덧가루로 인한 텁텁한 맛이 없어야 하고 속이 끈적거리거나 탄 냄새가 나지 않아야 한다.

[굽기방법]

- 오븐이 온도편차에 따라서 팬의 위치를 바꾸어준다.
- 구운 후에는 틀에서 분리하고 살구잼에 물을 섞어 살짝 끓인 후 광택제를 윗면에 발라준다.
  * 적은 양의 살구잼을 끓일 경우 탈 수 있으므로 주의한다.

BAKING CONFECTIONRY

시험시간 **2시간 30분**

파운드 케이크

 요구사항 ≫ 파운드 케이크를 제조하여 제출하시오.

❶ 배합표의 각 재료를 계량하여 재료별로 진열하시오 (11분).
❷ 반죽은 크림법으로 제조하시오.
❸ 반죽온도는 23℃를 표준으로 하시오.
❹ 반죽의 비중을 측정하시오.
❺ 윗면을 터뜨리는 제품을 만드시오.
❻ 반죽은 전량을 사용하여 성형하시오.

❖ 배합표

재료명	비율(%)	무게(g)
박력분	100	800
설탕	80	640
버터	60	480
쇼트닝	20	160
유화제	2	16
소금	1	8
물	20	160
탈지분유	2	16
바닐라향	0.5	4
B.P	2	16
달걀	80	640
계	367.5	2,940

 수험자 유의사항

❶ 항목별 배점은 제조공정 60점, 제품평가 40점입니다.
❷ 시험시간은 재료계량시간이 포함된 시간입니다.
❸ 안전사고가 없도록 유의합니다.
❹ 의문 사항이 있으면 감독위원에게 문의하고, 감독위원의 지시에 따릅니다.
❺ 다음과 같은 경우에는 채점대상에서 제외됩니다.

미완성	• 시험시간 내에 작품을 제출하지 못한 경우
기권	• 수험자 본인이 수험 도중 기권한 경우
실격	• 작품의 가치가 없을 정도로 타거나 익지 않은 경우 • 주요 요구사항(수량, 모양, 반죽제조법)을 준수하지 않았을 경우 • 지급된 재료 이외의 재료를 사용한 경우 • 시험 중 시설·장비의 조작 또는 재료의 취급이 미숙하여 위해를 일으킬 것으로 감독위원 전원이 합의하여 판단한 경우

 지급재료목록 자격 종목 제과 기능사

일련번호	재료명	규격	단위	수량	비고
1	밀가루	박력분	g	880	1인용
2	설탕	정백당	g	700	1인용
3	버터	무염	g	528	1인용
4	쇼트닝	제과제빵용	g	176	1인용
5	유화제	제과제빵용	g	18	1인용
6	소금	정제염	g	9	1인용
7	탈지분유	제과제빵용	g	18	1인용
8	바닐라향	분말	g	5	1인용
9	베이킹파우더	제과제빵용	g	18	1인용
10	달걀	60g(껍질포함)	개	15	1인용
11	식용유	대두유	ml	50	1인용
12	위생지	식품용(8절지)	장	10	1인용
13	제품상자	제품포장용	개	1	5인 공용
14	얼음	식용	g	200	1인용 (겨울철 제외)

과정

1 믹싱볼에 버터와 쇼트닝을 넣고 고속으로 믹싱하여 부드럽게 풀어준다.

2 부드럽게 유지류가 풀어지면 약간의 설탕, 소금, 유화제를 넣어 일단 섞어준 후 나머지 설탕을 조금씩 넣어 완전히 믹싱한다.

3 만약 날씨가 춥거나 유지가 잘 풀어지지 않으면 따뜻한 물을 믹싱볼 밑에 받쳐서 연한 아이보리색이 될 때까지 고속으로 돌린다.

4 잘 풀린 반죽에 달걀노른자부터 넣어 잘 유화시켜준 후 나머지 달걀을 천천히 넣어 잘 섞어준다.

5 설탕이 다 녹아 잘 섞이면 믹싱볼을 믹서기에서 분리하여 체친 가루류(박력분, 베이킹파우더, 바닐라향, 탈지분유)를 넣어 주걱으로 조심스럽게 섞어준다.

6 ❺에 물을 넣어 반죽되기를 조절하며 섞어준다.

7 반죽이 완성되면 미리 종이를 깔아둔 파운드케이크 틀에 반죽을 균일하게 4개의 팬에 고루 나누어 패닝한다.

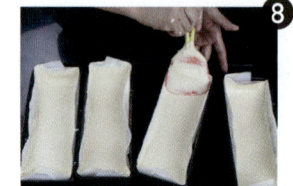

8 윗면을 고무주걱으로 팬 가운데 부분의 반죽을 약간 낮게 하고 양쪽 끝 부분을 올라오게 하는 모양이 되도록 한다.

9 윗불 200℃, 아랫불 170℃로 예열된 오븐에 제품을 넣은 후 약 15분 가량 구워 윗면이 갈색이 되면 식용유를 묻힌 칼(스패츌러)을 이용하여 양쪽 끝부분 약 1cm 정도를 남기고 잘라준다. 자른 후 오븐 온도를 윗불 170℃, 아랫불 170℃로 바꾼 후 다시 오븐 안에 넣어 완전히 굽는다.

Tip

[제품평가]

① 반죽이 넘쳐흐르거나 팬 밖으로 넘치지 않도록 한다.

② 찌그러지지 않도록 해야 하며 가운데가 조금 높고 양쪽 끝이 다소 낮아진 상태로 대칭이 되어야 한다.

③ 윗 껍질이 두껍지 않고 부드러워야 하며 윗 껍질 색상이 균일하게 나야 한다.

④ 기공과 조직이 부위별로 균일하도록 하며 익지 않은 부위가 있어서는 안된다.

⑤ 씹는 촉감이 부드러워야 하며 속이 끈적거리거나 탄 냄새, 생 재료 맛이 나서는 안된다.

[굽기관리]

- 오븐 내부의 온도가 일정하지 않으므로 일정한 시간이 지나면 위치를 바꿔준다.

BAKING CONFECTIONRY

시험시간 3시간 30분

퍼프 페이스트리

요구사항 ≫ 퍼프 페이스트리를 제조하여 제출하시오.

① 배합표의 각 재료를 계량하여 재료별로 진열하시오 (6분).
② 반죽은 스트레이트법으로 제조하시오.
③ 반죽온도는 20℃를 표준으로 하시오.
④ 접기와 밀어펴기는 3겹 접기 4회로 하시오.
⑤ 정형은 감독위원의 지시에 따라 하고 평철판을 이용하여 굽기를 하시오.
⑥ 반죽은 전량을 사용하여 성형하시오.

❖ 배합표

재료명	비율(%)	무게(g)
강력분	100	800
달걀	15	120
마가린	10	80
소금	1	8
찬물	50	400
충전용 마가린	90	720
계	266	2,128

 수험자 유의사항

① 항목별 배점은 제조공정 60점, 제품평가 40점입니다.
② 시험시간은 재료계량시간이 포함된 시간입니다.
③ 안전사고가 없도록 유의합니다.
④ 의문 사항이 있으면 감독위원에게 문의하고, 감독위원의 지시에 따릅니다.
⑤ 다음과 같은 경우에는 채점대상에서 제외됩니다.

미완성	• 시험시간 내에 작품을 제출하지 못한 경우
기권	• 수험자 본인이 수험 도중 기권한 경우
실격	• 작품의 가치가 없을 정도로 타거나 익지 않은 경우 • 주요 요구사항(수량, 모양, 반죽제조법)을 준수하지 않았을 경우 • 지급된 재료 이외의 재료를 사용한 경우 • 시험 중 시설·장비의 조작 또는 재료의 취급이 미숙하여 위해를 일으킬 것으로 감독위원 전원이 합의하여 판단한 경우

 지급재료목록 | 자격 종목 | 제과 기능사 |

일련번호	재료명	규격	단위	수량	비고
1	밀가루	강력분	g	880	1인용
2	달걀	60g (껍질포함)	개	3	1인용
3	마가린	제과제빵용	g	880	1인용
4	소금	정제염	g	10	1인용
5	식용유	대두유	ml	50	1인용
6	위생지	식품용 (8절지)	장	10	1인용
7	제품상자	제품포장용	개	1	5인 공용
8	얼음	식용	g	200	1인용 (겨울철 제외)

1 밀가루, 소금, 계란, 찬물을 넣고 믹싱한다.
TIP 휴지를 시켜야 하므로 물은 온도가 높지 않은 냉수를 사용한다.

2 클린업 단계에 반죽용 마가린을 넣고 최종단계 전에 믹싱을 마친다.
반죽의 온도는 20℃ 전후가 되도록 한다.

3 반죽을 원형으로 만들고 칼로 십자로 자른다.

4 반죽을 꺼내어 부드럽게 둥글리기 한다.

5 윗면을 칼로 십자형태로 잘라 준다.

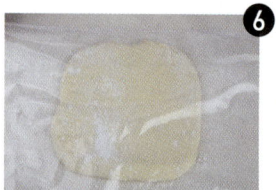
6 사방으로 벌려주어 정사각형으로 만든다. 반죽을 비닐에 싸서 휴지시킨다.

7 반죽의 크기는 충전용 마가린이 들어갈 정도의 크기로 밀어준다.

8 ❼의 반죽을 비닐에 싼다.

9 ❽의 반죽을 냉각 판에 놓고 냉장 휴지를 시킨다.

10 충전용 마가린을 밀대로 두들긴다.
TIP 충전용 마가린과 반죽의 되기가 비슷해야 반죽만 밀리거나 충전용 마가린이 반죽 안에서 깨지지 않는다.

11 반죽에 ❿의 충전용 마가린을 올린다.

12 충전용 마가린을 반죽을 감싸준다.

13 이음선이 잘 마무리가 되도록 한다.

14 밀대로 윗부분을 눌러준다.

15 위에서 아래로 길게 밀어준다.

16 밀기를 한 퍼프 페이스트리의 반죽의 되기와 마가린의 되기가 맞아야 한다. 반죽의 되기가 질고 마가린이 딱딱하면 마가린이 반죽 안에서 깨질 수 있다.

⑰ 밀어 편 반죽을 3겹접기 4회를 반복한다.
TIP 한 번 3겹 접을 때마다 휴지를 시킨다.
반죽 되기로 확인하고 시험시간 안에 할 수 있도록 확인한다.

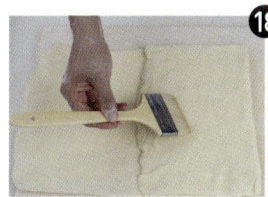

⑱ 덧가루를 붓으로 털어낸다.

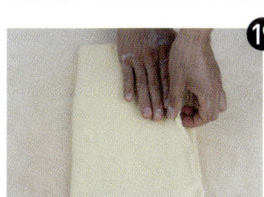

⑲ 3겹으로 접는다.

⑳ 반죽의 되기와 마가린의 되기를 동일하게 하여 밀대로 밀어준다.

㉑ 3겹 4회가 끝난 반죽을 밀대로 민다.

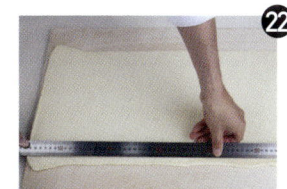

㉒ 가로 4cm, 세로 12cm, 두께 0.8cm 밀어서 재단한다.

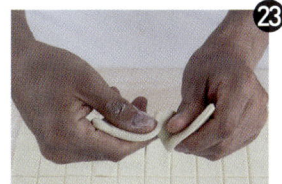

㉓ 재단한 반죽의 중앙을 잡고 한 바퀴 돌려서 2회 비튼다.

㉔ 가운데 부분을 풀리지 않도록 비틀어 준다.

㉕ 나비 넥타이 모양으로 꼰 다음, 팬에 6개 정도를 간격을 맞추어 4~5팬(30개 정도)을 패닝하고 여분의 덧가루는 붓으로 털어준다.

㉖ 윗불 190℃, 아랫불 180℃로 20~30분 정도 굽기(고른색을 위하여 중간에 한번 돌려준다)

Tip

[제품평가]

① 퍼프 페이스트리의 결이 불확실하거나 주저앉은 부분이 없고 균일하게 부풀어야 한다.
② 껍질색이 밝은 황금색으로 균일해야 한다.
③ 결의 간격이 깔끔하고 균일해야 한다.
④ 퍼프 페이스트리가 바삭바삭한 특성을 갖고 너무 축축하거나 조밀하지 않아야 한다.
⑤ 과도한 덧가루 때문에 결 팽창이 균일하지 않아도 안 된다.
⑥ 생 밀가루 맛, 끈적거림, 탄 냄새 등의 맛이 나지 않아야 하고, 유지와 반죽의 맛과 향이 조화를 이루어야 한다.

[굽기과정]

- 윗불 190℃, 아랫불 180℃에서 20~30분 정도 굽는다.

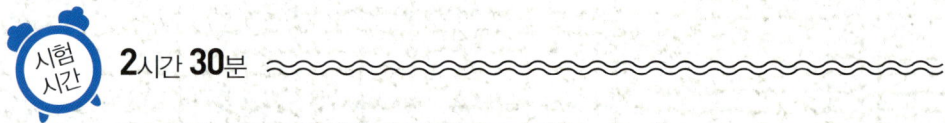

호두파이

요구사항 >>> 호두파이를 제조하여 제출하시오.

1. 껍질 재료를 계량하여 재료별로 진열하시오(7분).
2. 껍질에 결이 있는 제품으로 제조하시오(손 반죽으로 하시오).
3. 껍질 휴지는 냉장온도에서 실시하시오.
4. 충전물은 개인별로 각자 제조하시오(호두는 구워서 사용).
5. 구운 후 충전물의 층이 선명하도록 제조하시오.
6. 제시한 팬에 맞는 껍질을 제조하시오.
7. 반죽은 전량을 사용하여 성형하시오.

❖ **배합표**

－껍질

재료명	비율(%)	무게(g)
중력분	100	400
노른자	10	40
소금	1.5	6
설탕	3	12
생크림	12	48
버터	40	160
냉수	25	100
계	191.5	766

－충전용

재료명	비율(%)	무게(g)
호두	100	250
설탕	100	250
물엿	100	250
계피가루	1	2.5
물	40	100
달걀	240	600
계	581	1,452.5

※ 충전용 재료는 계량시간에서 제외

| 껍질 |

| 충전물 |

수험자 유의사항

1. 항목별 배점은 제조공정 60점, 제품평가 40점입니다.
2. 시험시간은 재료계량시간이 포함된 시간입니다.
3. 안전사고가 없도록 유의합니다.
4. 의문 사항이 있으면 감독위원에게 문의하고, 감독위원의 지시에 따릅니다.
5. 다음과 같은 경우에는 채점대상에서 제외됩니다.

미완성	• 시험시간 내에 작품을 제출하지 못한 경우
기권	• 수험자 본인이 수험 도중 기권한 경우
실격	• 작품의 가치가 없을 정도로 타거나 익지 않은 경우 • 주요 요구사항(수량, 모양, 반죽제조법)을 준수하지 않았을 경우 • 지급된 재료 이외의 재료를 사용한 경우 • 시험 중 시설·장비의 조작 또는 재료의 취급이 미숙하여 위해를 일으킬 것으로 감독위원 전원이 합의하여 판단한 경우

지급재료목록 자격 종목 제과 기능사

일련번호	재료명	규격	단위	수량	비고
1	밀가루	중력분	g	440	1인용
2	설탕	정백당	g	300	1인용
3	소금	정제염	g	7	1인용
4	버터	무염	g	176	1인용
5	달걀	60g(껍질포함)	개	16	1인용
6	계피가루	제과제빵용	g	4	1인용
7	호두	제과용	g	275	1인용
8	물엿	이온엿, 제과용	g	275	1인용
9	생크림(국산)	제과용	g	53	1인용
10	위생지	식품용(8절지)	장	10	1인용
11	부탄가스	가정용(220g)	개	1	5인 공용
12	제품상자	제품포장용	개	1	5인 공용
13	얼음	식용	g	200	1인용 (겨울철 제외)

과정

❶ 물에 설탕과 소금을 넣어 녹인 후에 생크림을 넣는다.

❷ ❶에 노른자를 섞어준다.

❸ 모든 액체가 잘 섞이도록 한다.

❹ 테이블에 체를 친 중력분을 놓는다.

❺ ❹에 쇼트닝을 놓는다.

❻ 스크레퍼를 이용하여 쇼트닝을 작게 다진다.

❼ 쇼트닝을 콩알 크기로 작게 만든다.

❽ 전체가 골고루 되도록 한다.

❾ ❽에 홈을 만든 후 그 안쪽에 ❸을 붓는다.

❿ 스크레퍼를 이용하여 골고루 혼합한다.

⓫ 한 덩어리가 되도록 한다.

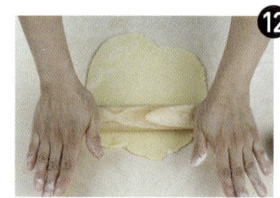
⓬ 한 덩어리가 된 반죽을 밀어 편다.

⓭ 표피가 마르지 않도록 비닐에 넣고 반죽을 펼쳐서 냉장고에서 휴지를 시킨다(20~30분).

TIP 한 덩어리로 비닐에 싸서 휴지를 시킨 경우 바깥 면과 내면이 다를 수 있다.
손가락으로 눌렀을 때 자국이 그대로 남으면 된다.

충전물 제조하기

① 중탕 볼에서 설탕과 계피를 섞고 물과 물엿을 넣어 녹인 후에
② 다른 볼에 계란을 휘퍼(거품기)로 섞어 풀어준 후 ①과 섞고 체에 내린다.

⓮ 충전물의 윗 면에 위생지를 덮는다.

⑮ 냉각시키면 위생지에 거품이 묻어 제거된다.

⑯ 휴지를 한 반죽을 두께 0.3~0.5cm으로 밀어 편 후에 팬에 깔아준다.
TIP 시험장에서 제시하는 팬에 맞도록 껍질을 제조한다.

⑰ 팬이 안쪽이 들뜨지 않도록 해준다.

⑱ 틀 가장자리를 스크레퍼로 정리해준다.

⑲ 틀 위 면을 엄지손가락과 검지 손가락 끝을 이용하여 눌러서 모양을 낸다.

⑳ 일정한 간격을 유지한다.

㉑ 성형 완성

㉒ 오븐에 구워서 식힌 호두를 팬의 바닥이 보이지 않을 정도로 넣는다.

㉓ 국자를 이용하여 충전물을 70~80% 정도 넣고 기포를 제거한 다음 평철판 위에 파이 팬을 적정한 간격으로 배열하고 오븐에 넣는다.

㉔ 윗불 170℃, 아랫불 160℃에서 40~50분 정도 굽는다.

Tip

[제품평가]

❶ 호두파이의 윗면이 움푹 들어가거나 솟구치지 않아야 한다.
❷ 원반형으로 테두리의 주름이 일정해야 하고 어느 부위가 주저앉거나 일그러지지 않아야 한다.
❸ 호두파이의 껍질에 "결"이 있어야 하고 바닥과 옆면에 밝은 갈색이 나야 한다.
❹ 호두파이가 터지거나 타거나 뒤틀리지 않아야 한다.
❺ 껍질이 탄맛, 생재료 맛, 과도한 덧가루에 의한 텁텁한 맛이 없어야 한다.

[굽기과정]

• 굽기 과정 중 색이 진해지면 윗불 온도를 낮추고 굽는다.
• 충전물이 끓어 넘치지 않아야 하고 밑 껍질이 완전히 익어야 한다.

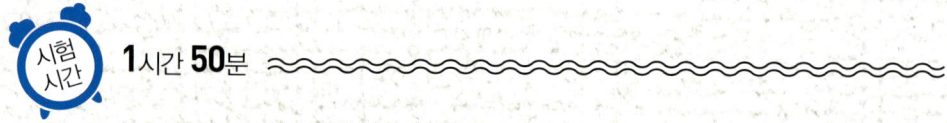

1시간 50분

초코롤

요구사항 ≫ 초코롤을 제조하여 제출하시오.

❶ 배합표의 각 재료를 계량하여 재료별로 진열하시오 (11분).
❷ 반죽은 공립법으로 제조하시오.
❸ 반죽온도는 24℃를 표준으로 하시오.
❹ 반죽의 비중을 측정하시오.
❺ 제시한 철판에 알맞도록 패닝하시오.
❻ 반죽은 전량을 사용하시오.

❖ 배합표

재료명	비율(%)	무게(g)
박력분	100	168
달걀	285	480
설탕	128	216
코코아파우더	21	36
베이킹소다	1	2
물	7	12
우유	17	30
계	302	944

※ 충전용 재료는 계량시간에서 제외

다크커버츄어	119	200
생크림	115	180~200
럼	12	20

수험자 유의사항

❶ 항목별 배점은 제조공정 60점, 제품평가 40점입니다.
❷ 시험시간은 재료계량시간이 포함된 시간입니다.
❸ 안전사고가 없도록 유의합니다.
❹ 의문 사항이 있으면 감독위원에게 문의하고, 감독위원의 지시에 따릅니다.
❺ 다음과 같은 경우에는 채점대상에서 제외됩니다.

미완성	• 시험시간 내에 작품을 제출하지 못한 경우
기권	• 수험자 본인이 수험 도중 기권한 경우
실격	• 작품의 가치가 없을 정도로 타거나 익지 않은 경우 • 주요 요구사항(수량, 모양, 반죽제조법)을 준수하지 않았을 경우 • 지급된 재료 이외의 재료를 사용한 경우 • 시험 중 시설·장비의 조작 또는 재료의 취급이 미숙하여 위해를 일으킬 것으로 감독위원 전원이 합의하여 판단한 경우

지급재료목록 자격 종목 | 제과 기능사

일련번호	재료명	규격	단위	수량	비고
1	밀가루	박력분	g	180	1인용
2	설탕	정백당	g	230	1인용
3	우유	시유	g	40	1인용
4	달걀	60g (껍질포함)	개	10	1인용
5	코코아파우더	제과용	g	40	1인용
6	베이킹소다	제과제빵용	g	4	1인용
7	다크커버츄어	제과제빵용	g	220	1인용
8	생크림	제과제빵용	g	220	1인용
9	럼	제과제빵용	g	30	1인용
10	위생지	식품용 (8절지)	장	1	1인용
11	얼음	식용	g	200	1인용 (겨울철 제외)

과정

① 믹서볼에 달걀을 넣고 잘 풀어준 후 설탕을 넣고 섞어준다.

② 중탕물에 올려 거품기로 잘 저어가며 43℃까지 온도를 올려준다.

TIP 달걀 노른자에는 지방 성분이 들어있어서 온도를 올리지 않으면 거품이 잘 나지 않으므로 중탕물을 이용하여 온도를 높여준다.

③ 설탕이 녹고 온도가 43℃ 정도로 올라가면 중탕을 끝낸다.

④ 믹서기에 장착하여 고속으로 10분간 돌리면서 거품을 올린다.

⑤ 중속으로 약 10분 믹싱하여 균일한 거품으로 완전하게 올린다.

⑥ 반죽이 연한 아이보리색으로 변하고 반죽을 들어올려 떨어뜨렸을 때 자국이 그대로 남아있을 때까지 믹싱한다.

⑦ 반죽전에 미리 체친 가루(박력분, 코코아파우더, 베이킹소다)를 ⑥에 넣어 가볍게 섞어준다.

⑧ 덩어리가 생기지 않도록 빠르게 섞어준다.

⑨ 미지근하게 데운 우유에 반죽을 일부 덜어 넣고 섞어준다.

⑩ ⑧에 넣어 잘 섞어 완성한다 (반죽온도 24℃).

⑪ 완성된 반죽을 미리 종이를 깔아둔 철판에 패닝한다.

⑫ 반죽의 모서리부분부터 패닝하여 전체적으로 평평하게 한다.

⑬ 가볍게 내리쳐 표면에 올라온 기포를 제거한 뒤 오븐에 넣는다. 윗불 180℃, 아랫불 160℃에서 약 20분 정도 구운 후 냉각팬에 올린다.

⑭ 굽기를 하는 동안 중탕한 생크림과 럼, 초콜릿을 섞어 가나슈를 만든다.

⑮ 초콜릿이 충분히 녹여 가나슈를 만들어 둔다.

⑯ 구워낸 초코롤 반죽을 뒤집어 종이를 떼어낸 뒤 준비된 가나슈를 고르게 펴 발라준 뒤 면포 밑으로 밀대를 넣고 스패출러를 이용하여 앞쪽에 말리는 곳에 1~2cm 간격으로 칼집을 2줄 넣어준다.

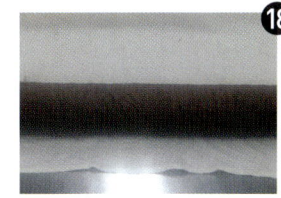

⑱ 잠시동안 그대로 둔 후 제출 시에는 타공팬에 새로운 위생지를 깔고 롤케이크를 올려 제출한다.

⑰ 밀대를 이용하여 완전히 말리면 밀대와 면포를 적절히 당겨주어 롤케이크가 단단히 말리도록 한다.

BAKING CONFECTIONRY

시험시간 1시간 50분

흑미쌀 롤 케이크
(공립법)

 요구사항 ≫ 흑미쌀 롤 케이크(공립법)를 제조하여 제출하시오.

❶ 배합표의 각 재료를 계량하여 재료별로 진열하시오. (10분).
❷ 반죽은 공립법으로 제조하시오.
❸ 반죽온도는 25±1℃를 표준으로 하시오.
❹ 반죽의 비중을 측정하시오.
❺ 제시한 팬에 알맞도록 분할하시오.
❻ 반죽은 전량을 사용하여 성형하시오.

❖ 배합표

재료명	비율(%)	무게(g)
박력쌀 가루	100	250
흑미쌀 가루	20	50
설탕	120	300
달걀	184	460
소금	1	2.5
베이킹파우더	1	2.5
우유	72	180
계	426	1,065

※ 충전용 재료는 계량시간에서 제외

생크림	60	150

 수험자 유의사항

❶ 항목별 배점은 제조공정 60점, 제품평가 40점입니다.
❷ 시험시간은 재료계량시간이 포함된 시간입니다.
❸ 안전사고가 없도록 유의합니다.
❹ 의문 사항이 있으면 감독위원에게 문의하고, 감독위원의 지시에 따릅니다.
❺ 다음과 같은 경우에는 채점대상에서 제외됩니다.

미완성	• 시험시간 내에 작품을 제출하지 못한 경우
기권	• 수험자 본인이 수험 도중 기권한 경우
실격	• 작품의 가치가 없을 정도로 타거나 익지 않은 경우 • 주요 요구사항(수량, 모양, 반죽제조법)을 준수하지 않았을 경우 • 지급된 재료 이외의 재료를 사용한 경우 • 시험 중 시설·장비의 조작 또는 재료의 취급이 미숙하여 위해를 일으킬 것으로 감독위원 전원이 합의하여 판단한 경우

 지급재료목록 자격 종목 제과 기능사

일련번호	재료명	규격	단위	수량	비고
1	박력쌀가루	박력쌀 가루	g	275	1인용
2	흑미쌀가루	골드쌀 가루 흑미	g	55	1인용
3	달걀	60g (껍질포함)	개	11	1인용
4	설탕	정백당	g	330	1인용
5	소금	정제염	g	3	1인용
6	베이킹파우더	제과제빵용	g	3	1인용
7	우유	시유	ml	200	1인용
8	생크림	생크림 (식물성)	ml	165	1인용
9	위생지	식품용 (8절지)	장	3	1인용
10	제품상자	제품포장용	개	1	5인공용

과정들

❶ 믹서볼에 달걀을 넣고 설탕, 소금을 넣고 섞어준다.

❷ 중탕물에 올려 거품기로 잘 저어가며 43℃까지 온도를 올려준다.

TIP 달걀 노른자에는 지방 성분이 들어있어서 온도를 올리지 않으면 거품이 잘 나지 않으므로 중탕물을 이용하여 온도를 높혀준다.

❸ 설탕이 녹고 온도가 43℃ 정도로 올라가면 중탕을 끝낸다.

❹ 믹서기에 장착하여 고속으로 10분간 돌리면서 거품을 올린다.

❺ 중속으로 약 10분간 믹싱하여 균일한 거품으로 완전하게 올린다.

5-1 믹싱을 하면서 미지근한 우유와 흑미쌀가루를 미리 섞어둔다.

❻ 반죽이 연한 아이보리색으로 변하고 반죽을 들어올려 떨어뜨렸을 때 자국이 그대로 남아있을 때까지 믹싱한다.

❼ 반죽 전에 미리 체친 가루(박력쌀가루, 베이킹파우더)를 ❻에 넣어 가볍게 섞어준다.

❽ 덩어리가 생기지 않도록 고무주걱으로 자르듯이 빠르게 섞어준다.

❾ 우유와 흑미쌀가루를 섞어둔 반죽을 넣고 섞어준다.

❿ 완성된 반죽(반죽온도 24℃)을 미리 종이를 깔아둔 철판에 패닝한다.

⓫ 반죽의 모서리부분부터 패닝하여 전체적으로 평평하게 하고 가볍게 내리쳐 표면에 올라온 기포를 제거한 뒤 오븐에 넣는다. 윗불 180℃, 아랫불 160℃에서 약 20분 정도 구워낸다.

⓬ 냉각팬에 올리어 식힌다.

⓭ 식으면 젖은 면포에 뒤집어 종이를 벗겨낸다.

14 구워낸 흑미롤 반죽을 뒤집어 종이를 떼어낸 뒤 면포밑으로 밀대를 넣고 스패출러를 이용하여 앞쪽에 말리는 곳에 1~2cm 간격으로 칼집을 2줄 넣어준다.

15 미리 올린 생크림을 올려 골고루 펴 바른다.

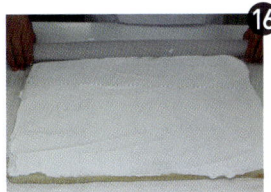

16 생크림의 두께가 일정하도록 스패출러로 펴준 뒤 밀대를 면포 밑으로 넣어 준다

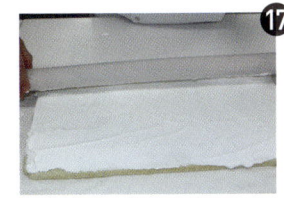

17 밀대를 이용하여 칼집을 넣어준 곳을 가볍게 눌러 완전히 말리도록 한다.

18 밀대와 면포를 적절히 당겨주어 롤케이크가 단단히 말리도록 한다.

19 잠시동안 그대로 둔 후 제출 시에는 타공팬에 새로운 위생지를 깔고 롤케이크를 올려 제출한다.

PART 2

제빵 실기

BAKING BREAD

시험시간 **4**시간

건포도식빵

요구사항 >>> 건포도식빵을 제조하여 제출하시오.

① 배합표의 각 재료를 계량하여 재료별로 진열하시오 (10분).
② 반죽은 스트레이트법으로 제조하시오.
(단, 유지는 클린업 단계에서 첨가하시오.)
③ 반죽 온도는 27℃를 표준으로 하시오.
④ 표준분할무게는 180g으로 하고, 제시된 팬의 용량을 감안하여 결정하시오.
(단, 분할무게×3을 1개의 식빵으로 함)
⑤ 반죽은 전량을 사용하여 성형하시오.

❖ 배합표

재료명	비율(%)	무게(g)
강력분	100	1400
물	60	840
이스트	3	42
제빵개량제	1	14
소금	2	28
설탕	5	70
마가린	6	84
탈지분유	3	42
달걀	5	70
건포도	25	350
계	210	2,940

수험자 유의사항

① 항목별 배점은 제조공정 60점, 제품평가 40점입니다.
② 시험시간은 재료계량시간이 포함된 시간입니다.
③ 안전사고가 없도록 유의합니다.
④ 의문 사항이 있으면 감독위원에게 문의하고, 감독위원의 지시에 따릅니다.
⑤ 다음과 같은 경우에는 채점대상에서 제외됩니다.

미완성	• 시험시간 내에 작품을 제출하지 못한 경우
기권	• 수험자 본인이 수험 도중 기권한 경우
실격	• 작품의 가치가 없을 정도로 타거나 익지 않은 경우 • 주요 요구사항(수량, 모양, 반죽제조법)을 준수하지 않았을 경우 • 지급된 재료 이외의 재료를 사용한 경우 • 시험 중 시설·장비의 조작 또는 재료의 취급이 미숙하여 위해를 일으킬 것으로 감독위원 전원이 합의하여 판단한 경우

지급재료목록 자격 종목 | 제빵 기능사

일련번호	재료명	규격	단위	수량	비고
1	밀가루	강력분	g	1540	1인용
2	이스트	생이스트	g	46	1인용
3	제빵개량제	제빵용	g	17	1인용
4	소금	정제염	g	31	1인용
5	설탕	정백당	g	77	1인용
6	마가린	제과제빵용	g	92	1인용
7	탈지분유	제과제빵용	g	46	1인용
8	달걀	60g (껍질포함)	개	2	1인용
9	건포도	제과제빵용	g	400	1인용
10	식용유	대두유	ml	50	1인용
11	얼음	식용	g	200	1인용 (겨울철 제외)
12	위생지	식품용 (8절지)	장	10	1인용
13	제품상자	제품포장용	개	1	5인 공용

건포도식빵

과정

① 건포도는 전처리를 한다(건포도를 실온의 물에 충분히 담근 후에 물기를 제거하고 사용한다).

② 믹싱볼에 마가린을 제외한 모든 재료를 넣고 저속으로 믹싱한다(믹싱단계의 픽업이다).

③ 클린업 단계에서 마가린을 넣는다.
TIP 유지가 많이 굳어 있다면 반죽에 흡수되기가 힘들므로 부드럽게 풀어서 넣도록 한다.

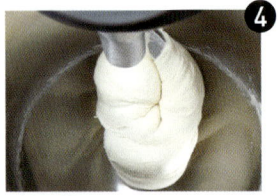
④ 최종단계 100%

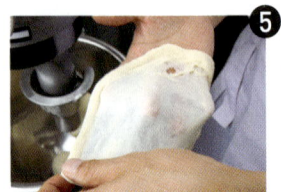
⑤ 최종단계의 얇은 막을 형성하며 반죽을 마무리한다.

⑥ 전처리를 한 건포도에 덧가루를 소량 넣고 섞은 후 믹싱볼 안에 넣고 반죽과 섞이게 한다. 믹싱단계는 최종상태를 100%로 한다.

⑦ 건포도를 넣는다.

⑧ **TIP** 건포도가 섞이는 과정에서 깨지지 않도록 주의한다.

⑨ 믹싱이 종료되면 반죽을 둥글게 하여 스텐볼 혹은 플라스틱 반죽 통 안에 넣은 후에 반죽의 최종온도는 27℃이며, 1차발효는 온도 27℃ 전후, 상대습도 75~80% 조건에서 발효시킨다. 60분 정도(시간보다는 상태로 판단한다.)

⑩ 1차 발효가 완료되면, 반죽의 분할 무게는 180g으로 분할한다.
일정한 모양으로 둥글리기를 한 후에 나무 판 위에서 15~20분간 반죽의 표피가 마르지 않도록 비닐을 덮어 중간발효를 진행한다.
중간 발효 후에는 분할 순서대로 성형을 한다.

⑪ 성형을 한다. 밀대를 이용하여 가스를 빼고 일정한 두께로 밀어 편다.

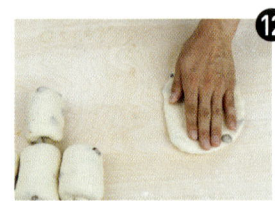
⑫ 이때 과도한 덧가루는 털어낸다.

⑬ 밀어 편 반죽을 팬에 넣기 전에 모양과 길이를 맞추며 이음매를 단단하게 봉합한다.

⑭ 둥글게 말아 놓는다.

⑮ 모양을 균형 있게 한다.

TIP 밀기를 할 때 건포도가 터지지 않도록 주의한다.

⑯ 팬은 1차 발효가 진행되는 동안에 팬을 깨끗이 닦아서 준비한 후에 성형이 완성되면 반죽을 3개씩 5개를 패닝한다.

⑰ 가볍게 눌러준 후에 2차 발효를 발효실에서 진행한다.

⑱ 발효실에서 2차 발효의 온도는 35~38℃, 습도 85~90%, 50~70분 간 발효를 한다(시간보다 발효상태를 확인한다).

TIP 건포도식빵 틀 보다 0.5~1.5cm 정도로 높게 발효한다.

Tip

[제품평가]

❶ 부피는 빵의 내부 특성에도 중요한 영향을 주므로 분할 무게와 팬 용적에 알맞고 균일해야 한다.

❷ 완성품이 찌그러지지 않고 균일한 모양과 균형이 잘 잡혀야 한다.

❸ 껍질의 두께가 비교적 얇고 껍질의 색을 황금갈색으로 균일해야 하며, 바닥과 옆면에도 색이 나야 한다.

❹ 기공과 조직이 고르며 부드러워야 하고 밝은 색으로 줄무늬 등이 없어야 하며 건포도가 빵 전체에 고루 분포가 되어야 한다.

❺ 끈적거림이 없어야 하고 식감이 부드럽고 향이 온화해야 하며 건포도의 맛과 향이 잘 어울려야 한다.

[굽기관리]

- 오븐온도 윗불180℃, 아랫불 190℃에서 35~40분 정도 굽는다.
- 오븐 내의 온도 편차로 앞 뒤의 색이 다를 수 있으므로 팬의 위치를 바꾸어 준다.
- 오븐에서 꺼낸 후에는 바로 틀에서 빵을 빼고 냉각 판에 넣고 식힌다.

[굽기상태]

❶ 전체가 잘 익어야 한다.

❷ 바닥과 옆면에도 적절한 색상이 나야 한다. 이유는 옆면의 색상이 나지 않을 경우 주저앉을 수 있다.

POINT 건포도 전처리방법

건포도 무게의 12% 정도되는 물(27℃)에 건포도를 담갔다가 통 안에 담아 4시간 동안 놓아두면서 가끔 뒤섞는다.

TIP 시험장에서는 4시간을 전처리 과정을 진행할 수 없음으로 주어진 시험시간에 맞추어 물에 전처리를 하고 체에 물기를 제거한 후에 사용한다.

BAKING BREAD

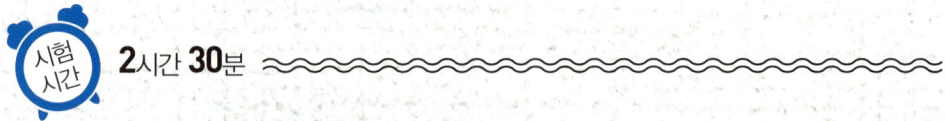
시험시간 2시간 30분

그리시니

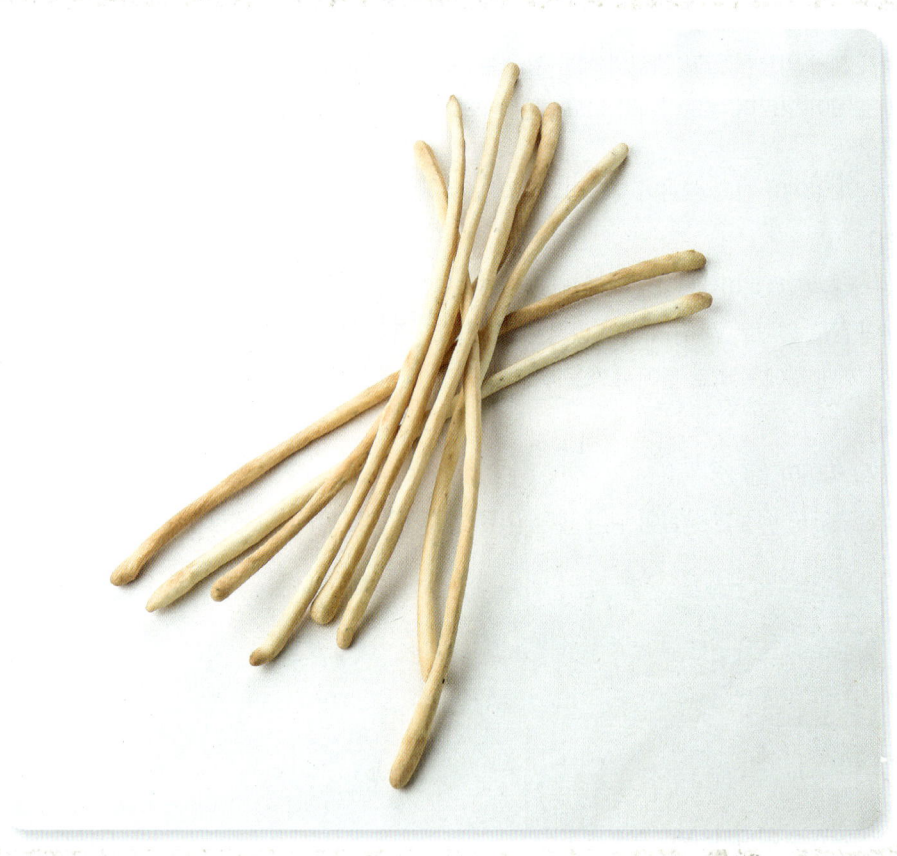

요구사항 >>> 그리시니를 제조하여 제출하시오.

❶ 배합표의 각 재료를 계량하여 재료별로 진열하시오 (8분).
❷ 전 재료를 동시에 투입하여 믹싱하시오(스트레이트법).
❸ 반죽온도는 27℃를 표준으로 하시오.
❹ 1차 발효시간은 30분 정도로 하시오.
❺ 분할무게는 30g, 길이는 35~40cm로 성형하시오.
❻ 반죽은 전량을 사용하여 성형하시오.

❖ 배합표

재료명	비율(%)	무게(g)
강력분	100	700
설탕	1	7
건조 로즈마리	0.14	1
소금	2	14
이스트	3	21
버터	12	84
올리브유	2	14
물	62	434
계	182.14	1,275

수험자 유의사항

❶ 항목별 배점은 제조공정 60점, 제품평가 40점입니다.
❷ 시험시간은 재료계량시간이 포함된 시간입니다.
❸ 안전사고가 없도록 유의합니다.
❹ 의문 사항이 있으면 감독위원에게 문의하고, 감독위원의 지시에 따릅니다.
❺ 다음과 같은 경우에는 채점대상에서 제외됩니다.

미완성	• 시험시간 내에 작품을 제출하지 못한 경우
기권	• 수험자 본인이 수험 도중 기권한 경우
실격	• 작품의 가치가 없을 정도로 타거나 익지 않은 경우 • 주요 요구사항(수량, 모양, 반죽제조법)을 준수하지 않았을 경우 • 지급된 재료 이외의 재료를 사용한 경우 • 시험 중 시설·장비의 조작 또는 재료의 취급이 미숙하여 위해를 일으킬 것으로 감독위원 전원이 합의하여 판단한 경우

지급재료목록 자격 종목 제빵 기능사

일련번호	재료명	규격	단위	수량	비고
1	밀가루	강력분	g	770	1인용
2	설탕	정백당	g	8	1인용
3	버터	무염	g	90	1인용
4	소금	정제염	g	16	1인용
5	이스트	생이스트	g	25	1인용
6	건조 로즈마리		g	2	1인용
7	식용유	올리브유	ml	16	1인용(대두 유대체가능)
8	위생지	식품용(8절지)	장	10	1인용
9	제품상자	제품포장용	개	1	5인 공용
10	얼음	식용	g	200	1인용(겨울철 제외)

과정

① 믹싱볼에 올리브유를 제외한 모든 재료를 넣고 저속으로 믹싱한다.

② 클린업 단계에서 올리브유를 넣는다.

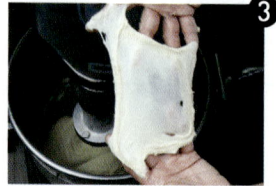
③ 발전단계(반죽이 약간 거친 듯한 상태, 80%)까지 믹싱하여 반죽온도 27℃로 맞추기

④ 1차 발효(온도 27℃, 습도 75~80%)를 30분간 시킨다. 표면을 매끄럽게 둥글리기 하여 발효통(스텐볼 또는 플라스틱 사각통)에 넣은 후 비닐을 덮어 발효시킨다.

⑤ 전자저울을 사용하여 30g씩 정확하게 계량하여 최소한의 덧가루를 사용하여 둥글리기 한다.

⑥ 나무판 위에 분할 순서대로 놓고 비닐을 덮어 중간 발효 시킨다(10~15분간).

⑦ 중간 발효된 반죽을 가볍게 밀어주면서 미리 10cm 정도 일자형으로 만들어 놓는다(길게 밀어야 하므로 중간 크기를 밀면서 다시 중간 발효를 하면서 늘여 편다).

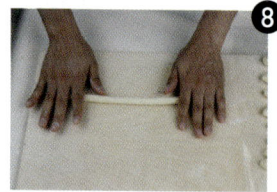
⑧ 가운데부터 밀어 준 후 가늘어지면 바깥쪽으로 밀면서 20cm 길이로 밀어편다(중간에 8~10개씩 만들면서 교대로 중간 발효하면서 만든다).

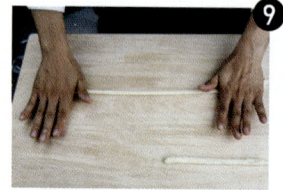
⑨ 8~10개 정도 밀어 편 뒤 먼저 밀어편 순서대로 제시한 35~40cm의 길이로 만든다.

⑩ 평철판에 일정한 간격으로 패닝하여 2차 발효(온도 30~33℃, 습도 75~80℃)를 20분 정도한다.

⑪ 윗불 200℃, 아랫불 150℃에서 20분간 굽기(중간에 철판 돌려주기)
오븐의 위치에 따라 색이 달라지므로 중간에 한 번 위치를 바꿔주어 골고루 색이 나도록 한다.

Tip
- 로즈마리는 살균, 방충, 소독의 효과가 있으며 기억력과 집중력을 높이는데 이용된다.

POINT

1. 반죽에 올리브유를 첨가하여 가스포집이 적어 딱딱하고 가늘게 만들 수 있다.
2. 길게 밀어야 하는 반죽들은 밀어펴는 중간크기로 밀어 휴지시간(8~10개씩 길이를 만들면서 반복한다)을 주면서 만들면 좋다.
3. 중간 발효된 반죽은 젖은 행주나 면포로 덮어두면 표면이 마르지 않아 잘 밀린다.
4. 평철판의 가로길이에 맞게 8~9개씩 일정한 간격으로 패닝한다.
5. 구웠을 때 딱딱하고 바삭한 느낌이 있어야 하므로 건조한 상태까지 굽는다.
6. 반죽에 설탕이 적어 비교적 높은 온도에서 구워야 황금갈색이 난다.

BAKING BREAD

시험시간 **3**시간

단팥빵
(비상스트레이트법)

요구사항 ≫ 단팥빵(비상스트레이트법)을 제조하여 제출하시오.

❶ 배합표의 각 재료를 계량하여 재료별로 진열하시오 (9분).
❷ 반죽은 비상스트레이트법으로 제조하시오.
  (단, 유지는 클린업 단계에 첨가하고, 반죽온도는 30℃로 한다.)
❸ 반죽 1개의 분할 무게는 40g, 팥앙금 무게는 30g으로 제조하시오.
❹ 반죽은 전량을 사용하여 성형하시오.

❖ 배합표

재료명	비율(%)	무게(g)
강력분	100	900
물	48	432
이스트	7	63
제빵개량제	1	9
소금	2	18
설탕	16	144
마가린	12	108
분유	3	27
달걀	15	135
계	204	1,836

수험자 유의사항

❶ 항목별 배점은 제조공정 60점, 제품평가 40점입니다.
❷ 시험시간은 재료계량시간이 포함된 시간입니다.
❸ 안전사고가 없도록 유의합니다.
❹ 의문 사항이 있으면 감독위원에게 문의하고, 감독위원의 지시에 따릅니다.
❺ 다음과 같은 경우에는 채점대상에서 제외됩니다.

미완성	• 시험시간 내에 작품을 제출하지 못한 경우
기권	• 수험자 본인이 수험 도중 기권한 경우
실격	• 작품의 가치가 없을 정도로 타거나 익지 않은 경우 • 주요 요구사항(수량, 모양, 반죽제조법)을 준수하지 않았을 경우 • 지급된 재료 이외의 재료를 사용한 경우 • 시험 중 시설·장비의 조작 또는 재료의 취급이 미숙하여 위해를 일으킬 것으로 감독위원 전원이 합의하여 판단한 경우

지급재료목록 자격 종목: 제빵 기능사

일련번호	재료명	규격	단위	수량	비고
1	밀가루	강력분	g	990	1인용
2	설탕	정백당	g	150	1인용
3	소금	정제염	g	20	1인용
4	식용유	대두유	ml	50	1인용
5	이스트	생이스트	g	70	1인용
6	제빵개량제	제빵용	g	10	1인용
7	마가린	제빵용	g	120	1인용
8	탈지분유	제과제빵용	g	30	1인용
9	달걀	60g (껍질포함)	개	5	1인용
10	통팥앙금	가당	g	1500	1인용
11	위생지	식품용 (8질지)	장	10	1인용
12	제품상자	제품포장용	개	1	5인 공용
13	얼음	식용	g	200	1인용 (겨울철 제외)

과정

❶ 믹싱볼에 마가린을 제외한 모든 재료를 넣고 저속으로 믹싱한다.

❷ 클린업 단계에서 마가린을 넣는다.

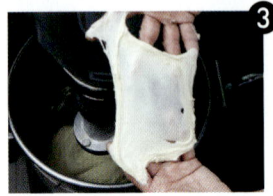
❸ 최종단계 120%(최종단계에서 약 20% 정도 더 믹싱한다)로 완료한 후 반죽온도 30℃로 맞춘다(오차 ±1 만점).

❹ 1차 발효(온도 30℃, 습도 75~80%)를 30분간 시킨다. 표면을 매끄럽게 둥글리기 하여 발효통(스텐볼 또는 플라스틱 사각통)에 넣은 후 비닐을 덮어 발효시킨다.

4-1 1차 발효를 하는 동안 팥앙금 30g씩 분할해 둔다.

❺ 전자저울을 사용하여 40g씩 정확하게 계량하기

❻ 최소한의 덧가루를 사용하여 분할하고 손에 올려 둥글리기를 한다.

❼ 손위에서 표면이 매끄러워지도록 둥글리기 한다.

❽ 둥글리기가 완료된 반죽을 적절한 간격을 유지하며 나무판에 열을 맞추어 정렬

❾ 비닐이나 젖은 면포를 덮어 중간발효시킨다(10~15분간).

❿ 중간발효가 완료된 반죽을 손바닥으로 가볍게 두드려 큰 가스를 뺀 후 반죽의 바닥 부분이 위로 가게 하여 손바닥 위에 올려놓기

⓫ 미리 분할해둔 팥앙금 30g을 반죽위에 올린다.

⓬ 앙금의 중앙을 앙금 주걱으로 누르며 손을 오므려 반죽이 앙금을 감싸도록 한다.

⓭ 앙금이 가운데로 자리를 잡을 수 있도록 앙금주걱으로 누르면서 넣도록 한다.

⓮ 앙금이 모두 들어가 봉할 수 있는 상태가 된다.

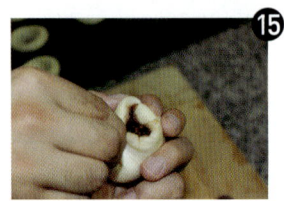
⓯ 앙금을 넣고 남은 반죽을 가운데로 모으듯이 오므리기한다.

⑯ 이음매 부분의 반죽을 잘 봉하여 앙금이 흘러나오지 않게 한다.

⑰ 이음매 부분이 철판 바닥으로 가게 하여 손바닥으로 가볍게 누르기

⑱ 철판에 약 12개씩 일정한 간격으로 팬닝한다(오븐에 들어가는 철판의 개수를 고려하여 먼저 만들어진 제품을 발효실에 먼저 넣는 것도 고려해보아야 한다).

⑲ 반죽 정가운데를 앙금 누르개로 눌러 앙금이 잘 퍼지도록 돌려준다.

⑳ 정확하게 가운데에 구멍이 나도록 모양내기

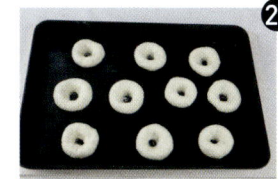
㉑ 계란물을 발라(시험장에 따라 바르기를 생략하기도 함) 2차 발효(온도 35~38℃, 습도 80%)를 시킨다.

㉒ 2차 발효 완료상태는 철판을 살짝 흔들었을 때 반죽 표면이 약간 흔들리는 상태로 확인할 수 있다.

㉓ 윗불 190℃, 아랫불 160℃ 오븐에 따라 약 12~15분 굽기를 한다. 이때 굽기시간의 50~60%의 시간이 지난 중간에 판 돌려주기를 한다(약 6~7분).

㉔ 오븐의 위치에 따라 색이 달라지므로 중간에 한번 위치를 바꿔주어 골고루 색이 나도록 한다.

㉕ 약 12~15분 동안 골고루 색이 나도록 확인하고 꺼낸다.

POINT

1. 일반적인 빵반죽보다 20% 정도 더 믹싱한다.
2. 비상스트레이트법이므로 1차 발효시간을 최소로 줄여야(약 30분간) 제한시간 안에 작업이 완료될 수 있다.
3. 반죽온도 30℃(여름철에는 얼음을 사용해야 하며, 겨울철에는 따뜻한 물을 사용해야 한다.)
4. 중간발효시간에 팥앙금 30g으로 45개 분할하여 비닐을 덮어둔다.
5. 둥글리기한 순서대로 성형하도록 한다.
6. 지시에 따라 성형한 제품은 한 팬에 모아 한꺼번에 성형을 하도록 한다(완제품의 크기의 균일함을 위함).
7. 성형모양은 감독관의 지시에 철저히 따르도록 한다.
8. 윗불 190℃, 아랫불 160℃ 12~15분 굽는다. 오븐의 위치에 따라 색이 달라지므로 중간(6분 정도)에 한번 위치를 바꿔주어 골고루 색이 나도록 한다.
9. 오븐에 들어가는 팬의 수를 확인하여 발효를 하도록 해야 한다.

BAKING BREAD

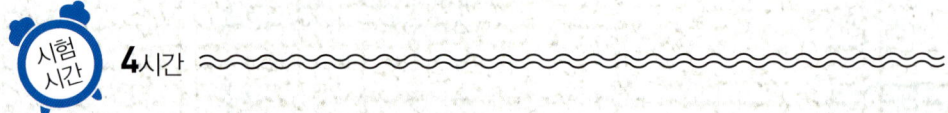
시험시간 **4**시간

더치빵

요구사항 >>> 더치빵을 제조하여 제출하시오.

1. 더치빵 반죽 재료를 계량하여 재료별로 진열하시오 (9분).
2. 반죽은 스트레이트법으로 제조하시오.
   (단, 유지는 클린업 단계에 첨가하시오.)
3. 반죽 온도는 27℃를 표준으로 하시오.
4. 빵반죽에 토핑할 시간을 맞추어 발효시키시오.
5. 빵 반죽은 1개당 300g씩 분할하시오.
6. 반죽은 전량을 사용하여 성형하시오.

❖ 배합표

– 더치빵

재료명	비율(%)	무게(g)
강력분	100	1100
물	60	660
이스트	3	33
제빵개량제	1	11
소금	1.8	20
설탕	2	22
쇼트닝	3	33
탈지분유	4	44
흰자	3	33
계	177.8	1,956

– 토핑

재료명	비율(%)	무게(g)
멥쌀가루	100	200
중력분	20	40
이스트	2	4
설탕	2	4
소금	2	4
물	85	170
마가린	30	60
계	241	482

※ 토핑재료는 계량시간에서 제외

| 더치빵 |

| 토핑 |

수험자 유의사항

1. 항목별 배점은 제조공정 60점, 제품평가 40점입니다.
2. 시험시간은 재료계량시간이 포함된 시간입니다.
3. 안전사고가 없도록 유의합니다.
4. 의문 사항이 있으면 감독위원에게 문의하고, 감독위원의 지시에 따릅니다.
5. 다음과 같은 경우에는 채점대상에서 제외됩니다.

미완성	• 시험시간 내에 작품을 제출하지 못한 경우
기권	• 수험자 본인이 수험 도중 기권한 경우
실격	• 작품의 가치가 없을 정도로 타거나 익지 않은 경우 • 주요 요구사항(수량, 모양, 반죽제조법)을 준수하지 않았을 경우 • 지급된 재료 이외의 재료를 사용한 경우 • 시험 중 시설·장비의 조작 또는 재료의 취급이 미숙하여 위해를 일으킬 것으로 감독위원 전원이 합의하여 판단한 경우

지급재료목록 [자격 종목] [제빵 기능사]

일련번호	재료명	규격	단위	수량	비고
1	밀가루	강력분	g	1200	1인용
2	밀가루	중력분	g	50	1인용
3	설탕	정백당	g	30	1인용
4	마가린	제과제빵용	g	75	1인용
5	소금	정제염	g	30	1인용
6	이스트	생이스트	g	46	1인용
7	제빵개량제	제빵용	g	14	1인용
8	탈지분유	제과제빵용	g	53	1인용
9	달걀	60g (껍질포함)	개	1	1인용
10	쇼트닝	제과제빵용	g	40	1인용
11	멥쌀가루		g	220	1인용
12	식용유	대두유	ml	50	1인용
13	얼음	식용	g	200	1인용
14	위생지	식품용 (8절지)	장	10	1인용
15	제품상자	제품포장용	개	1	5인 공용

과정

1 믹싱볼에 쇼트닝을 제외한 모든 재료를 넣고 저속으로 믹싱한다.

2 클린업 단계에서 쇼트닝을 넣고 중속으로 돌린다.

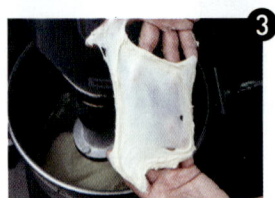
3 최종단계(100%)까지 믹싱한다(27℃±1).

4 1차 발효(온도 27℃, 습도 75~80%)를 60분간 시킨다.

토핑 제조
1차 발효를 하는 동안 토핑을 만든다.

토핑물 만들기
4-1 물에 이스트를 풀어준 후 멥쌀가루, 중력밀가루, 설탕, 소금 혼합

4-2 중탕 용해한 마가린 혼합 후 실온에서 비닐을 덮어둔다(토핑물도 발효를 시킨다).

5 스크레이퍼를 사용하여 전자저울로 300g씩 정확하게 계량하기

6 덧가루의 사용을 최소화하고 분할한 반죽을 매끄러워지도록 둥글리기 한다.

7 둥글리기가 완료된 반죽은 순서대로 정렬하여 비닐이나 젖은 면포를 덮어 10~15분간 중간발효를 시킨다.

8 중간 발효가 완료된 반죽을 작업대 바닥과 반죽에 덧가루를 적당히 묻혀가며 반죽을 타원형으로 밀어 편다.

9 밀대를 이용하여 반죽을 밀어 펼 때는 가볍게 가스를 빼주고 반죽의 넓이와 두께를 모두 일정하게 만들 수 있도록 한다.

10 매끄러운 면이 바닥으로 뒤집고 위에서부터 단단하게 만다.

11 가운데가 도톰하게 타원형으로 만든다(럭비공모양).

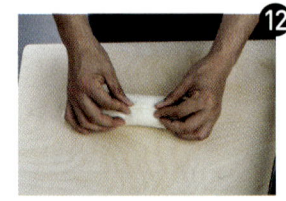
12 이음매가 뒤틀리지 않고 일자가 되도록 다시 한 번 손가락으로 잘 붙인다.

13 평철판에 3개씩 패닝하여 2차 발효를 30분 정도한다(온도 38℃, 습도 85%).

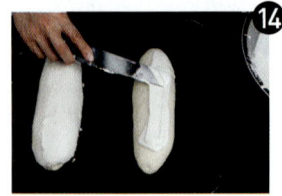
14 2차 발효가 끝나면 토핑을 스패튤러를 이용하여 일정한 두께로 펴 바른다.

⑮ 토핑이 바닥으로 흘러 떨어지는 것을 생각하여 바닥면 위로 1cm 가량 남기고 토핑물의 두께를 일정하고 균일하게 바른다.

⑯ 윗불 180℃, 아랫불 160℃에 30분 정도 굽기(중간에 철판 돌려주기)

TIP 오븐의 위치에 따라 색이 달라지므로 중간에 한번 위치를 바꿔주어 골고루 색이 나도록 한다.

POINT

1. 반죽온도를 맞추기 위해 여름철에는 냉수, 겨울철에는 온수를 사용한다.
2. 토핑은 1차 발효 때 만들어 비닐을 덮어 둔다(여름철 실온, 겨울철 발효실).
3. 반죽을 밀어펼 때에는 밀어편 크기와 두께가 균일하도록 해야 일정한 모양의 빵을 만들 수 있다.
4. 토핑은 반죽표면이 살짝 건조된 상태에서 스파튜라를 이용하여 일정한 두께로 펴 바른다.
5. 분할양이 커 낮은 온도에서 오래 굽는데 이때 밑면의 색이 진해질 수 있으므로 중간에 확인해야 한다.
6. 토핑이 너무 질지 않도록 해야 하며 너무 두껍게 바르면 갈라짐이 크고, 반대면 갈라짐이 적다.

BAKING BREAD

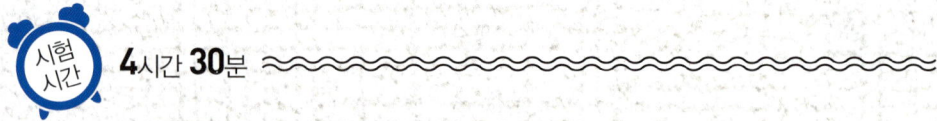
시험시간 **4**시간 **30**분

데니시 페이스트리

요구사항 ≫ 데니시 페이스트리를 제조하여 제출하시오.

1. 배합표의 각 재료를 계량하여 재료별로 진열하시오 (9분).
2. 반죽을 스트레이트법으로 제조하시오.
3. 반죽 온도는 20℃를 표준으로 하시오.
4. 모양은 달팽이형, 초생달형, 바람개비형 등 감독위원이 선정한 2가지를 만드시오.
5. 접기와 밀어펴기는 3겹 접기 3회로 하시오.
6. 반죽은 전량을 사용하여 성형하시오.

❖ 배합표

재료명	비율(%)	무게(g)
강력분	80	720
박력분	20	180
물	45	405
이스트	5	45
소금	2	18
설탕	15	135
마가린	10	90
분유	3	27
달걀	15	135
계	194	1,755

※ 충전용 재료는 계량시간에서 제외

파이용 마가린	총 반죽의 30%	526.5(527)

수험자 유의사항

1. 항목별 배점은 제조공정 60점, 제품평가 40점입니다.
2. 시험시간은 재료계량시간이 포함된 시간입니다.
3. 안전사고가 없도록 유의합니다.
4. 의문 사항이 있으면 감독위원에게 문의하고, 감독위원의 지시에 따릅니다.
5. 다음과 같은 경우에는 채점대상에서 제외됩니다.

미완성	• 시험시간 내에 작품을 제출하지 못한 경우
기권	• 수험자 본인이 수험 도중 기권한 경우
실격	• 작품의 가치가 없을 정도로 타거나 익지 않은 경우 • 주요 요구사항(수량, 모양, 반죽제조법)을 준수하지 않았을 경우 • 지급된 재료 이외의 재료를 사용한 경우 • 시험 중 시설·장비의 조작 또는 재료의 취급이 미숙하여 위해를 일으킬 것으로 감독위원 전원이 합의하여 판단한 경우

지급재료목록 자격 종목 제빵 기능사

일련번호	재료명	규격	단위	수량	비고
1	밀가루	강력분	g	792	1인용
2	밀가루	박력분	g	200	1인용
3	이스트	생이스트	g	50	1인용
4	소금	정제염	g	20	1인용
5	설탕	정백당	g	150	1인용
6	마가린	제과제빵용	g	100	1인용
7	파이용 마가린	제과제빵용	g	550	1인용
8	탈지분유	제과제빵용	g	30	1인용
9	달걀	60g (껍질포함)	개	4	1인용
10	식용유	대두유	ml	50	1인용
11	위생지	식품용 (8절지)	장	10	1인용
12	제품상자	제품포장용	개	1	5인 공용
13	얼음	식용	g	200	1인용 (겨울철 제외)

과정

① 믹싱볼에 마가린을 제외한 모든 재료를 넣고 믹싱한다.

② 클린업 단계에서 마가린을 넣고

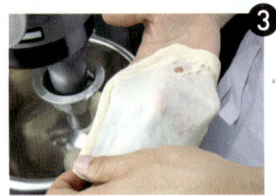
③ 발전단계(80%)까지 믹싱한다(20℃±1, 반죽온도를 맞추기 위해 얼음사용 필수).

④ 반죽을 둥글리기 한 뒤 칼로 윗면을 칼로 잘라 사방으로 벌려주어 정사각형으로 만든 뒤 비닐에 싸서 냉장 휴지 시킨다(30분).

4-1 냉장휴지 동안 파이용 마가린 되기 조절한다. 비닐에 넣어 밀대로 살짝 누르며 부드럽게 해둔다.

4-2 비닐에 싸서 일정한 두께의 정사각형이 되도록 밀어 준다.

4-3 균일한 두께로 정사각형이 되도록 만든다.

⑤ 냉장고에서 휴지된 반죽을 꺼내어 두께가 일정한 정사각형 모양으로 밀어 편다.

⑥ 미리 부드럽게 해둔 충전용 유지를 반죽 위에 놓았을 때 감쌀 수 있을 정도의 크기로 민다.

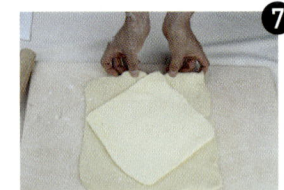
⑦ 밀대로 사면의 모서리를 밀어 덧가루를 털어내고 충전용 유지를 올린다.

⑧ 충전용 유지를 한 겹씩 덮어준 후 이음매를 잘 봉하여 충전용 유지가 나오지 않도록 잘 감싸 꼬집어 준다.

⑨ 충전용 유지를 싼 반죽을 뒤집어 잘 눌러준다.

⑩ 밀대를 이용하여 밀기 전에 충전된 유지가 골고루 퍼질 수 있도록 골고루 눌러준다.

⑪ 충전용 유지를 싼 반죽을 밀대로 가운데 → 위 → 아래쪽으로 눌러가면서 충전용 유지와 반죽을 밀착시키고 크기를 천천히 늘려 준다.

⑫ 반죽을 세로 방향으로 3절 접기를 위해 처음 크기보다 3배 정도 밀어 준다.

⑬ 전체적으로 반죽을 밀어 펼 때에는 미는 방향과 앞뒤를 바꾸어가면서 골고루 밀어 펴는게 중요하다.

⑭ 반죽의 덧가루를 제거하고 1/3을 접어 3겹으로 겹쳐 준다.

⑮ 끝부분은 모서리까지 살짝 당겨 가능한 직사각형이 되도록 한다.

⑯ 접기가 완성되면 비닐에 씌운 후 철판에 옮겨 30분간 냉장 휴지시킨다(3절 3회).
⑩~⑯(2회 반복) 밀어펴고 3절 접기 후 냉장휴지 30분 (2회실시)

정형하기

Ⓐ 달팽이형
(두께 1cm, 너비 1.5cm, 길이 30~35cm)

A-1 냉장휴지에서 꺼낸 반죽의 두께를 1cm로 민다

A-2 긴 막대 모양으로 자른다.

A-3 반죽의 양쪽 끝을 잡고 비틀어 일정한 꼬임이 생기도록 꼬아준다.

A-4 한쪽 끝을 작업대에 붙여 고정시킨 후 동그랗게 만다.

A-5 끝부분은 말린 반죽 살짝 꼬집어 밑으로 붙여 준다. 같은 종류끼리 개수에 맞게 일정한 간격을 두어 패닝하여 2차 발효시킨다(온도 28~33℃, 습도 75~80%).

Ⓑ 바람개비형
(두께 0.3cm, 가로 10cm, 세로 10cm)

B-1 제시된 두께와 크기에 맞게 재단한다.

B-2 바람개비형으로 사각의 꼭지점에서 중심 방향으로 스크레이퍼를 이용하여 잘라준다(중앙에 조금 남도록 네면을 다 잘라준다).

B-3 꼭지점의 각 한쪽 끝을 한방향(바람개비 모양)으로 가운데에 물을 묻힌 후 중심에 모아 만들고, 개수에 맞게 팬에 일정한 간격을 두고 패닝하여 2차 발효를 한다(온도 30~32℃, 습도 75~80%).

Ⓒ 초생달형
(두께 0.3cm, 밑면 10cm, 높이 20cm)

C-1 반죽을 재단하여 높이 20cm 밑면 10cm의 이등변 삼각형으로 재단한다.

C-2 이등변 삼각형의 밑변쪽의 가운데 부분을 1cm 정도 칼집을 낸다.

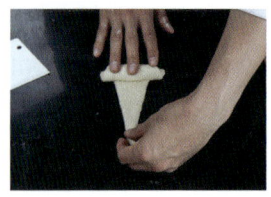

C-3 양 옆으로 약간 벌리면서 밑면에서 꼭지점 방향으로 돌돌 말아준다.

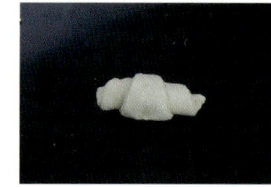

C-4 이음매 부분이 바닥쪽으로 향하게 한 후 양 끝을 구부려 초승달 모양으로 만든 후 살짝 눌러 굴러다니는 것을 방지하고 팬에 12개씩 일정한 간격을 두고 패닝하여 2차 발효를 한다(온도 30~32℃, 습도 75~80%).

POINT

1. 얼음물을 사용하여 반죽온도 20℃를 맞춘다.
2. 냉장고에 휴지를 할 때 넓은 정사각형이 되도록 한다.
3. 충전용 유지와 반죽의 되기가 비슷해야 한다.
4. 밀어펴면서 글루텐이 발전하므로 발전단계까지 믹싱한다.
5. 반죽을 밀어 펴 3단 접기를 할 때마다 사용된 덧가루를 잘 떨어내어야 한다.
6. 접기하여 냉장고에 30분정도 휴지를 할 때 최대한 넓게 만들어 휴지를 하면 좋다.
7. 성형할 때 두께가 두꺼운 제품부터 만들어야 한다.
8. 2차 발효 온도와 습도는 비교적 낮추어야 한다. 높으면 유지가 녹아 흘러나오므로 주의한다.
9. 오븐에서 색이 날 때까지 문을 열어보지 않도록 한다.
10. 성형모양은 감독관의 지시에 철저히 따르도록 한다.
11. 윗불 190℃, 아랫불 180℃에서 12~15분 굽는다. 오븐의 위치에 따라 색이 달라지므로 중간에 색이 나면 한번 위치를 바꿔주어 온도를 윗불 180℃, 아랫불 160℃ 정도 낮추어 색이 골고루 나도록 한다.

BAKING BREAD

시험시간 **4**시간

모카빵

요구사항 ≫ 모카빵을 제조하여 제출하시오.

① 배합표의 빵반죽 재료를 계량하여 재료별로 진열하시오(11분).
② 반죽은 "스트레이트법"으로 제조하시오.
 (단, 유지는 클린업 단계에서 첨가하시오.)
③ 반죽온도는 27℃를 표준으로 하시오.
④ 반죽 1개의 분할무게는 250g, 1개당 비스킷은 100g씩으로 제조하시오.
⑤ 제품의 형태는 타원형(럭비공 모양)으로 제조하시오.
⑥ 토핑용 비스킷은 주어진 배합표에 의거 직접 제조하시오.
⑦ 반죽은 전량을 사용하여 성형하시오.

❖ **배합표**

— 빵반죽

재료명	비율(%)	무게(g)
강력분	100	1100
물	45	495
이스트	5	55
제빵개량제	1	11
소금	2	22
설탕	15	165
버터	12	132
탈지분유	3	33
달걀	10	110
커피	1.5	16.5 (17)
건포도	15	165
계	209.5	2304.5 (2305)

— 토핑용 비스킷

재료명	비율(%)	무게(g)
박력분	100	500
버터	20	100
설탕	40	200
달걀	24	120
베이킹파우더	1.5	7.5(8)
우유	12	60
소금	0.6	3
계	198.1	990.5 (991)

※ 충전용 토핑용 재료는 계량시간에서 제외

| 빵반죽 |

| 토핑용 비스킷 |

수험자 유의사항

① 항목별 배점은 제조공정 60점, 제품평가 40점입니다.
② 시험시간은 재료계량시간이 포함된 시간입니다.
③ 안전사고가 없도록 유의합니다.
④ 의문 사항이 있으면 감독위원에게 문의하고, 감독위원의 지시에 따릅니다.
⑤ 다음과 같은 경우에는 채점대상에서 제외됩니다.

미완성	• 시험시간 내에 작품을 제출하지 못한 경우
기권	• 수험자 본인이 시험 도중 기권한 경우
실격	• 작품의 가치가 없을 정도로 타거나 익지 않은 경우 • 주요 요구사항(수량, 모양, 반죽제조법)을 준수하지 않았을 경우 • 지급된 재료 이외의 재료를 사용한 경우 • 시험 중 시설·장비의 조작 또는 재료의 취급이 미숙하여 위해를 일으킬 것으로 감독위원 전원이 합의하여 판단한 경우

지급재료목록 자격 종목: 제빵 기능사

일련번호	재료명	규격	단위	수량	비고
1	밀가루	강력분	g	1210	1인용
2	밀가루	박력분	g	550	1인용
3	이스트	생이스트	g	66	1인용
4	소금	정제염	g	30	1인용
5	설탕	정백당	g	470	1인용
6	제빵개량제	제빵용	g	14	1인용
7	버터	무염	g	250	1인용
8	탈지분유	제과제빵용	g	40	1인용
9	달걀	60g(껍질포함)	개	5	1인용
10	커피	분말	g	18	1인용
11	건포도	제과제빵용	g	180	1인용
12	베이킹파우더	제과제빵용	g	13	1인용
13	우유	시유	ml	66	1인용
14	식용유	대두유	ml	50	1인용
15	위생지	식품용(8절지)	장	10	1인용
16	제품상자	제품포장용	개	1	5인 공용
17	얼음	식용	g	200	1인용 (겨울철 제외)

과정

1. 믹싱볼에 마가린와 건포도를 제외한 모든 재료를 넣고 믹싱한다.

2. 클린업 단계에서 버터을 넣고 최종단계(100%)까지 믹싱한다.

3. 반죽을 하는 동안 미리 건포도를 물에 담가둔다

4. 반죽이 최종단계가 될 때 물기를 제거한다(약간의 강력분을 넣어 버무려 놓으면 반죽 잘 섞인다). 저속으로 혼합해서 완성하기(반죽온도 27℃)

5. 건포도가 골고루 섞이도록 저속으로 섞어준다.

6. 1차 발효(온도 27℃, 습도 75~80%)를 하는 동안 비스킷을 만든다.

비스킷 제조

6-1 거품기를 이용하여 버터를 부드럽게 풀어 포마드 상태로 만든다.

6-2 설탕, 소금을 넣고 크림화한다.

6-3 계란을 천천히 나누어 넣으면서 부드럽게 되도록 크림화 한다.

6-4 우유를 천천히 넣어 크림을 완성한다.

6-5 체질한 중력분과 베이킹파우더를 넣고 고무주걱을 이용하여 자르듯 섞어준다.

6-6 가루재료가 다 섞이도록 가볍게 치댄 후 비닐을 이용하여 잘 감싼 후 냉장고에 휴지를 시킨다.

7. 전자저울에 250g씩 분할하고 둥글리기가 완료된 반죽을 적절한 간격을 유지하여 나무판에 순서대로 놓고 비닐을 덮어 10~15분간 중간발효를 시킨다.

7-1 중간발효하는 동안 냉장고에서 휴지한 비스킷을 덧가루를 사용하여 끈적이지 않게 치댄다(미리 100g씩 나누어 분할하여 타원형으로 만들어 비닐을 덮어둔다).

8. 중간 발효된 반죽(250g)을 밀대로 밀어 가스를 빼고 타원형이 되도록 밀어 편다.

❾ 밀어 편 반죽의 매끄러운 부분이 바닥으로 가도록 뒤집는다.

❿ One loaf형으로 한 쪽 끝부터 말아 가운데가 도톰한 형태로 만든다(고구마형).

⑪ 이음매가 뒤틀리지 않고 일자가 되도록 이음매를 잘 붙인다.

⑫ 분할해둔 토핑을 비닐을 깔고 덧가루를 써가면서 반죽 위에 완전히 감쌀 수 있는 넓이로 균일한 두께로 밀어편다.

⑬ 반죽을 감싸줄 크기로 토핑을 밀어준 후 성형한 반죽의 이음매가 위가 되도록 토핑 위에 올린다.

⑭ 토핑을 반죽에 찢어지지 않도록 잘 감싼다.

⑮ 토핑을 감싼 이음매부분이 바닥으로 향하도록 패닝하여 2차 발효를 한다(온도 35~38℃, 습도 85%).

⑯ 윗불 180℃, 아랫불 150℃에 25~30분간 굽기(중간에 철판 돌려주기)

TIP 오븐의 위치에 따라 색이 달라지므로 중간에 한번 위치를 바꿔주어 골고루 색이 나도록 한다.

POINT

1. 반죽온도에 영향을 미치므로 건포도는 반죽 전에 미리 물에 담가둔다(겨울 : 온수, 여름 : 냉수).
2. 반죽에 건포도 혼합 시에는 으깨지지 않도록 저속으로 최소한으로 골고루 빠르게 혼합한다.
3. 비스킷은 1차 발효시간에 만들어 되도록 넓은 사각형으로 만들어 최대한 휴지를 시켜야 작업성이 좋다.
4. 중간발효 때 비스킷을 100g씩 분할하여 비닐로 덮어둔다.
5. 성형할 때 건포도가 윗부분으로 보이지 않도록 하고 튀어나온 건포도는 떼어내어 반죽의 바닥으로 넣는다.
6. 발효실 온도와 습도가 높으면 비스킷반죽이 구멍이 생기거나 찢어질 수 있으므로 굽기 전에 표면을 살짝 건조시킨 후 구우면 비스킷 겉면이 보기 좋게 갈라진다.

BAKING BREAD

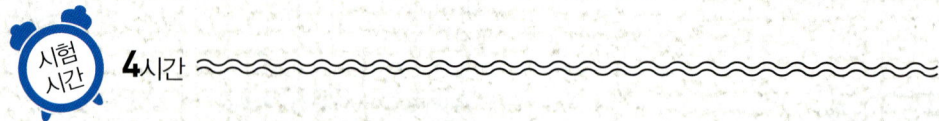
시험시간 4시간

밤식빵

요구사항 ≫ 밤식빵을 제조하여 제출하시오.

① 반죽 재료를 계량하여 재료별로 진열하시오(10분).
② 반죽은 스트레이트법으로 제조하시오.
③ 반죽온도는 27℃를 표준으로 하시오.
④ 분할무게는 450g으로 하고, 성형시 450g의 반죽에 80g의 통조림 밤을 넣고 정형하시오(한덩이 : one loaf).
⑤ 토핑물을 제조하여 굽기 전에 토핑하고 아몬드를 뿌리시오.
⑥ 반죽은 전량을 사용하여 성형하시오.

❖ 배합표

— 반죽

재료명	비율(%)	무게(g)
강력분	80	960
중력분	20	240
물	52	624
이스트	4	48
제빵개량제	1	12
소금	2	24
설탕	12	144
버터	8	96
분유	3	36
달걀	10	120
계	192	2,304

— 토핑

재료명	비율(%)	무게(g)
마가린	100	100
설탕	60	60
베이킹파우더	2	2
달걀	60	60
중력분	100	100
아몬드슬라이스	50	50
계	372	372
밤다이스(시럽제외)	35	420

※ 충전용 토핑용 재료는 계량시간에서 제외

| 반죽 |

| 토핑 |

수험자 유의사항

1. 항목별 배점은 제조공정 60점, 제품평가 40점입니다.
2. 시험시간은 재료계량시간이 포함된 시간입니다.
3. 안전사고가 없도록 유의합니다.
4. 의문 사항이 있으면 감독위원에게 문의하고, 감독위원의 지시에 따릅니다.
5. 다음과 같은 경우에는 채점대상에서 제외됩니다.

미완성	• 시험시간 내에 작품을 제출하지 못한 경우
기권	• 수험자 본인이 수험 도중 기권한 경우
실격	• 작품의 가치가 없을 정도로 타거나 익지 않은 경우 • 주요 요구사항(수량, 모양, 반죽제조법)을 준수하지 않았을 경우 • 지급된 재료 이외의 재료를 사용한 경우 • 시험 중 시설·장비의 조작 또는 재료의 취급이 미숙하여 위해를 일으킬 것으로 감독위원 전원이 합의하여 판단한 경우

지급재료목록 [자격 종목: 제빵 기능사]

일련 번호	재료명	규격	단위	수량	비고
1	밀가루	강력분	g	1060	1인용
2	밀가루	중력분	g	380	1인용
3	설탕	정백당	g	230	1인용
4	이스트	생이스트	g	54	1인용
5	분유	제빵용	g	40	1인용
6	버터	무염	g	110	1인용
7	소금	정제염	g	30	1인용
8	제빵개량제	제빵용	g	14	1인용
9	밤(다이스)	당조림	g	900	1인용 (시럽 포함)
10	달걀	60g (껍질포함)	개	4	1인용
11	마가린	제과제빵용	g	120	1인용
12	베이킹파우더	제과빵용	g	3	1인용
13	아몬드 (슬라이스)	제과제빵용	g	60	1인용
14	얼음	식용	g	220	1인용 (겨울철제외)
15	위생지	식품용 (8절지)	장	10	1인용
16	제품상자	제품포장용	개	1	5인 공용

과정

1 믹싱볼에 버터을 제외한 모든 재료를 넣고 저속으로 믹싱한다.

2 클린업 단계에서 쇼트닝을 넣는다.

3 발전단계 진행 중

4 반죽이 완료가 되어갈수록 믹서기 볼이 깨끗하게 된다.

5 최종단계가 될 때까지 진행한다.

6 최종단계가 되면 반죽을 떼어 펴본다.

7 얇은 막이 형성되도록 천천히 펴본다.

8 최종단계 100% 반죽온도 27℃로 맞춘다(오차 ±1 만점).

9 반죽이 완료되면 믹싱볼에서 꺼내어 표면을 매끄럽게 둥글리기 한다.

10 발효통(스텐볼 또는 플라스틱 사각통)에 넣은 후 비닐을 덮어 발효실에 넣는다.

11 1차 발효(온도 27℃, 습도 75~80%) 80분간 시킨다. 시간보다는 발효되어진 상태로 확인한다.

12 전자저울을 사용하여 450g씩 정확하게 계량을 한다.

13 최소한의 덧가루를 사용하여 분할하고 둥글리기를 한다. 둥글리기 완료 된 반죽을 적절한 간격을 유지하며 나무판에 열을 맞추어 정렬한다. 반죽의 표피가 마르지 않도록 비닐을 덮어 중간발효 시킨다(10~15분).

14 중간 발효 후에는 분할 순서대로 성형을 한다.

15 밀대를 이용하여 가스를 빼고 일정한 두께로 밀어 편다. 이때 과도한 덧가루는 털어낸다.

BAKING BREAD

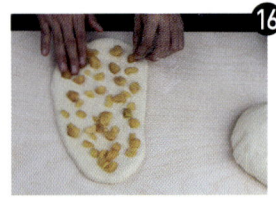

⑯ 식빵 팬은 1차 발효가 진행되는 동안에 팬을 깨끗이 닦아서 준비한다. 반죽 450g에 밤 80g을 골고루 퍼지도록 놓는다.

⑰ 위에서 부터 단단하게 말아준다.

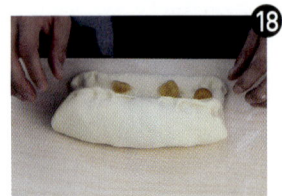

⑱ 위에서 밑으로 말아서 마무리 한다.

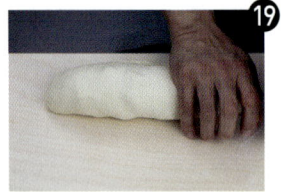

⑲ 반죽의 이음매가 바닥으로 가도록 하고 미리 준비한 팬 5개에 패닝한다. 가볍게 눌러준 후에 발효실에서 2차 발효를 진행한다.

⑳ 2차 발효의 온도는 35~38℃, 습도 80~85%로 발효를 한다(시간보다 발효상태를 확인한다).

TIP 식빵 틀의 높이와 발효된 반죽의 높이가 같을 때까지 2차 발효한다.

토핑만들기(크림법)

㉑ **21-1** 마가린을 부드럽게 풀어준 후에 설탕을 넣고 크림화를 한다.
21-2 계란을 넣는다(아이보리색).

21-3 체를 쳐서 준비한 중력분과 베이킹파우더를 넣고 섞어준다.
21-4 톱니모양을 깍지를 짤주머니에 끼우고 토핑물을 넣는다.

㉒ 2차 발효가 완료된 반죽에 토핑을 3~4줄 짜고 토핑 위에 슬라이스아몬드를 골고루 뿌린다.

㉓ 윗불 160℃, 아랫불 200℃에서 40분 정도 굽는다.

Tip

[제품평가]

❶ 부피는 빵의 내부 특성에도 중요한 영향을 주므로 분할 무게와 팬 용적에 알맞고 균일해야 한다.

❷ 완성품이 찌그러지지 않고 균일한 모양과 균형이 잘 잡혀야 한다. 제품의 옆 면이 찌그러지지 않고 평평한 밑면이 되야 한다.

❸ 껍질의 두께가 비교적 얇고 껍질의 색을 황금갈색으로 균일해야 하며, 바닥과 옆면에도 색이 나야 한다.

❹ 밤이 균일하게 분포가 되어 있어야 한다. 물기나 끈적거림이 없어야 한다.

❺ 밤과 빵 그리고 토핑의 맛과 향이 서로 잘 어우러져야 한다.

❻ 토핑은 바삭해야 한다.

[굽기관리]

- 오븐온도 윗불 160℃, 아랫불 200℃에서 40~50분 정도 굽는다.
- 오븐 내의 온도 편차로 앞 뒤의 색이 다를 수 있으므로 팬의 위치를 바꾸어 준다.
- 토핑이 틀에 붙어서 꺼낼 때 밤식빵의 모양이 변할 수 있으므로 주의한다.
- 오븐에서 꺼낸 후에는 바로 틀에서 빵을 빼고 냉각 판에 넣고 식힌다.

[굽기상태]

❶ 전체가 잘 익어야 한다.

❷ 바닥과 옆면에도 적절한 색상이 나야 한다. 이유는 옆면의 색상이 나지 않을 경우 주저앉을 수 있다.

BAKING BREAD

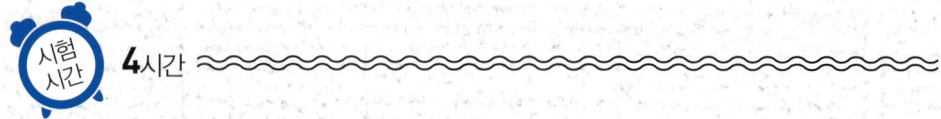

버터롤

요구사항 ≫ 버터롤을 제조하여 제출하시오.

① 배합표의 각 재료를 계량하여 재료별로 진열하시오 (9분).
② 반죽은 "스트레이트법"으로 제조하시오.
  (단, 유지는 클린업 단계에 첨가하시오.)
③ 반죽온도는 27℃를 표준으로 하시오.
④ 반죽 1개의 분할무게는 40g으로 제조하시오.
⑤ 제품의 형태는 번데기 모양으로 제조하시오.
⑥ 반죽은 전량을 사용하여 성형하시오.

❖ **배합표**

재료명	비율(%)	무게(g)
강력분	100	1100
설탕	10	110
소금	2	22
버터	15	165
탈지분유	3	33
달걀	8	88
이스트	4	44
제빵개량제	1	11
물	53	583
계	196	2,156

수험자 유의사항

① 항목별 배점은 제조공정 60점, 제품평가 40점입니다.
② 시험시간은 재료계량시간이 포함된 시간입니다.
③ 안전사고가 없도록 유의합니다.
④ 의문 사항이 있으면 감독위원에게 문의하고, 감독위원의 지시에 따릅니다.
⑤ 다음과 같은 경우에는 채점대상에서 제외됩니다.

미완성	• 시험시간 내에 작품을 제출하지 못한 경우
기권	• 수험자 본인이 수험 도중 기권한 경우
실격	• 작품의 가치가 없을 정도로 타거나 익지 않은 경우 • 주요 요구사항(수량, 모양, 반죽제조법)을 준수하지 않았을 경우 • 지급된 재료 이외의 재료를 사용한 경우 • 시험 중 시설·장비의 조작 또는 재료의 취급이 미숙하여 위해를 일으킬 것으로 감독위원 전원이 합의하여 판단한 경우

지급재료목록 자격 종목 | 제빵 기능사

일련번호	재료명	규격	단위	수량	비고
1	밀가루	강력분	g	1210	1인용
2	이스트	생이스트	g	50	1인용
3	소금	정제염	g	25	1인용
4	설탕	정백당	g	121	1인용
5	제빵개량제	제빵용	g	12	1인용
6	버터	무염	g	180	1인용
7	탈지분유	제과제빵용	g	37	1인용
8	달걀	60g (껍질포함)	개	2	1인용
9	식용유	대두유	ml	50	1인용
10	위생지	식품용 (8절지)	장	10	1인용
11	제품상자	제품포장용	개	1	5인 공용
12	얼음	식용	g	200	1인용 (겨울철제외)

과정

1 믹싱볼에 마가린을 제외한 모든 재료를 넣고 저속으로 믹싱한다.

2 클린업 단계에서 마가린을 넣는다.

3 최종단계(100%)까지 믹싱하고 반죽온도를 27℃로 맞추기(오차 ±1 만점)

4 1차 발효(온도 27℃, 습도 75~80%)를 60분간 시킨다. 표면을 매끄럽게 둥글리기 하여 발효통(스텐볼 또는 플라스틱 사각통)에 넣은 후 비닐을 덮어 발효시킨다.

5 1차 발효가 완료된 반죽의 폭을 5~7cm 넓이로 가로로 길게 자른 후 전자저울을 사용하여 40g씩 정확하게 계량하기

6 최소한의 덧가루를 사용하여 분할하여 표면이 매끄러워지도록 둥글리기 한다.

7 둥글리기가 완료된 반죽을 적절한 간격을 유지하여 나무판에 열을 맞추어 정렬하고 비닐이나 젖은 면포를 덮어 중간 발효시킨다(10~15분간).

8 중간 발효된 반죽(40g)의 한쪽을 가볍게 밀어주면서 미리 원뿔모양으로 만들어 놓는다.

9 미리 원뿔모양으로 만든 반죽을 나무판에 나열하고 반죽 개수가 많으므로 표면이 마르지 않도록 비닐을 덮으면서 관리한다(모든 작업은 되도록 비닐로 덮어 마르는 것을 방지하도록 조치를 취해야 한다).

10 밀대를 이용하여 뾰족한 부분을 밀어 바닥에 가볍게 붙인다.

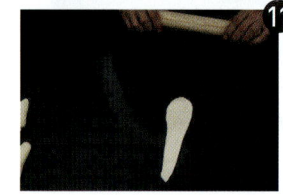
11 머리 쪽을 밀어 긴 삼각형 모양으로 만든다.

12 반죽을 약 20cm 정도의 길이로 이등변 삼각형의 모양으로 밀어 준다.

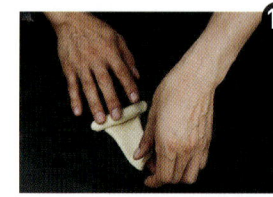
13 넓은 쪽에서부터 반죽을 말아 번데기 모양으로 만들어 준다.

14 이음매부분이 반죽 밑으로 오게 하여 12개씩 패닝한 뒤 살짝 눌러 철판에서 구르지 않도록 하고, 2차 발효실에 넣는다(온도 35℃, 습도 85~90%).

15 윗불 190℃, 아랫불 150℃에서 12~15분 정도 굽기

Tip
- 모양이 복잡한 제품은 처음부터 끝까지 한번에 만드는 것이 아니라 중간중간에 발효시간을 두어 제품을 만들도록 한다.

POINT
1. 반죽의 최종단계에는 지문이 비칠 정도의 얇은막을 볼 수 있다.
2. 분할양이 많은 제품은 분할하는 동안에도 발효가 진행되므로 되도록 빠르게 작업한다.
3. 이음매부분은 바닥으로 하여 살짝 눌러 옮기는 도중 구르는 것을 방지한다.
4. 줄무늬 말린 부분은 3겹이 되고 좌우가 대칭이 되도록 균일하게 성형한다.
5. 윗불 190℃, 아랫불 150℃에서 12~15분 굽는다. 오븐의 위치에 따라 색이 달라지므로 중간(6분 정도)에 한번 위치를 바꿔주어 골고루 색이 나도록 한다.

BAKING BREAD

시험시간 **3시간 30분**

버터톱식빵

요구사항 >>> 버터톱식빵을 제조하여 제출하시오.

1. 배합표의 각 재료를 계량하여 재료별로 진열하시오 (9분).
2. 반죽은 스트레이트법으로 만드시오.
   (단, 유지는 클린업 단계에서 첨가하시오.)
3. 반죽온도는 27℃를 표준으로 하시오.
4. 분할무게 460g 짜리 5개를 만드시오(한덩이 : one loaf).
5. 윗면을 길이로 자르고 버터를 짜 넣는 형태로 만드시오.
6. 반죽은 전량을 사용하여 성형하시오.

❖ 배합표

재료명	비율(%)	무게(g)
강력분	100	1200
물	40	480
이스트	4	48
제빵개량제	1	12
소금	1.8	21.6(22)
설탕	6	72
버터	20	240
탈지분유	3	36
달걀	20	240
계	195.8	2,349.6(2350)

※ 계량시간에서 제외

버터(바르기용)	5	60

 ## 수험자 유의사항

1. 항목별 배점은 제조공정 60점, 제품평가 40점입니다.
2. 시험시간은 재료계량시간이 포함된 시간입니다.
3. 안전사고가 없도록 유의합니다.
4. 의문 사항이 있으면 감독위원에게 문의하고, 감독위원의 지시에 따릅니다.
5. 다음과 같은 경우에는 채점대상에서 제외됩니다.

미완성	• 시험시간 내에 작품을 제출하지 못한 경우
기권	• 수험자 본인이 수험 도중 기권한 경우
실격	• 작품의 가치가 없을 정도로 타거나 익지 않은 경우 • 주요 요구사항(수량, 모양, 반죽제조법)을 준수하지 않았을 경우 • 지급된 재료 이외의 재료를 사용한 경우 • 시험 중 시설・장비의 조작 또는 재료의 취급이 미숙하여 위해를 일으킬 것으로 감독위원 전원이 합의하여 판단한 경우

 ## 지급재료목록　자격 종목　제빵 기능사

일련번호	재료명	규격	단위	수량	비고
1	밀가루	강력분	g	1320	1인용
2	이스트	생이스트	g	53	1인용
3	설탕	정백당	g	80	1인용
4	탈지분유	제과제빵용	g	40	1인용
5	버터	무염	g	330	1인용
6	소금	정제염	g	24	1인용
7	제빵개량제	제빵용	g	14	1인용
8	식용유	대두유	ml	20	1인용
9	달걀	60g (껍질포함)	개	5	1인용
10	얼음	식용	g	100	1인용 (겨울철 제외)
11	위생지	식품용 (8절지)	장	10	1인용
12	제품상자	제품포장용	개	1	5인 공용

과정들

1. 믹싱볼에 버터을 제외한 모든 재료를 넣고 저속으로 믹싱한다.

2. 클린업 단계에서 버터을 넣는다.

3. 중속으로 바꾸어 반죽한다.

4. 발전단계 진행 중

5. 최종단계까지 진행한다.

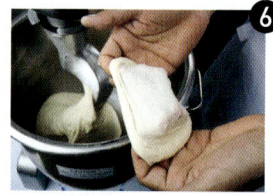
6. 최종단계로 반죽이 부드럽고 매끈한 상태이다.

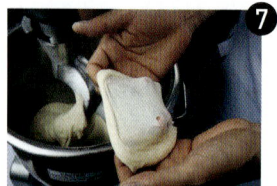
7. 반죽을 조금 떼어내서 펴 보아 얇은 막이 형성되도록 한다.

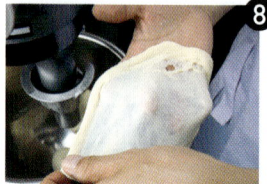
8. 최종단계 100%, 반죽온도 27℃(오차 ±1 만점)

9. 반죽이 완료되면 믹싱볼에서 꺼내어 표면을 매끄럽게 둥글리기 한다.

10. 발효통(스텐볼 또는 플라스틱 사각통)에 넣은 후 비닐을 덮어 발효실에 넣는다.

11. 1차 발효(온도 27℃, 습도 75~80%)를 80분간 시킨다. 시간보다는 발효되어진 상태로 확인한다.

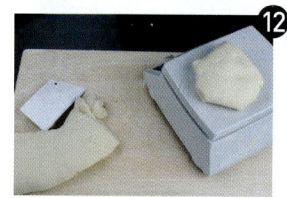
12. 전자저울을 사용하여 460g씩 5개를 정확하게 계량한다.

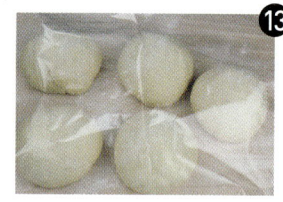
13. 분할 후에 둥글리기를 한다. 둥글리기 완료된 반죽을 적절한 간격을 유지하며 나무판에 열을 맞추어 정렬한다. 반죽의 표피가 마르지 않도록 비닐을 덮어 중간발효 시킨다(10~15분).

성형과정

14. 중간 발효 후에는 분할 순서대로 성형을 한다. 밀대를 이용하여 가스를 빼고 일정한 두께로 밀어 편다. 이때 과도한 덧가루는 털어낸다.

15. 밀대를 이용하여 타원형으로 밀어 편다.

⑯ 일정한 두께의 타원형으로 밀어편다.

⑰ 원로프형으로 성형을 한다.

⑱ 밀어 편 반죽을 팬에 넣기 전에 모양과 길이를 맞추며 이음매를 단단하게 봉합하고 모양을 균형있게 한다.

⑲ 이음매가 잘 붙도록 손으로 눌러주고 손으로 꼬집어 마무리한다.

⑳ 팬은 1차 발효가 진행되는 동안에 깨끗이 닦아서 준비한 후에 성형이 완성되면 반죽을 1개씩 팬에 넣고 가볍게 눌러준다. 버터톱식빵은 5개를 패닝한다.

㉑ 2차 발효(온도 35~38℃, 습도 85~90%)를 50~60분간 한다(시간보다 발효상태를 확인한다).

식빵 틀 보다 1cm정도로 낮게 2차 발효를 완료하고 실온에서 표피를 건조시키면서 발효를 한다.

굽기 전 과정

반죽의 중앙에 칼을 이용하여 깊이 2~3mm정도의 일자로 자르고 부드럽게 만든 버터를 짤 주머니에 넣고 자른 부분에 버터를 짠다.

Tip

[제품평가]
① 부피는 빵의 내부 특성에도 중요한 영향을 주므로 분할 무게와 팬 용적에 알맞고 균일해야 한다.
② 완성품이 찌그러지지 않고 균일한 모양과 균형이 잘 잡혀야 한다.
③ 껍질의 두께가 비교적 얇고 껍질의 색을 황금갈색으로 균일해야 하며, 바닥과 옆면에도 색이 나야 한다.
④ 기공과 조직이 고르며 부드러워야 하며 밝은 색으로 줄무늬 등이 없어야 한다.
⑤ 끈적거림이 없어야 하고 식감이 부드럽고 버터 향과 발효향의 조화가 좋고 생 재료의 맛이 없고 타지 않아야 한다.

[굽기관리]
- 윗불 170℃, 아랫불 200℃에서 35~40분 정도 굽는다.
- 오븐 내의 온도 편차로 앞 뒤의 색이 다를 수 있으므로 팬의 위치를 바꾸어 준다.
- 오븐에서 꺼낸 후에는 바로 틀에서 빵을 빼고 냉각 판에 넣고 식힌다.

[굽기상태]
① 전체가 잘 익어야 한다.
② 바닥과 옆면에도 적절한 색상이 나야 한다. 이유는 옆면의 색상이 나지 않을 경우 주저앉을 수 있다.

BAKING BREAD

시험시간 **3**시간 **30**분

베이글

요구사항 ≫ 베이글을 제조하여 제출하시오.

❶ 배합표의 각 재료를 계량하여 재료별로 진열하시오 (7분).
❷ 반죽은 스트레이트법으로 제조하시오.
❸ 반죽 온도는 27℃를 표준으로 하시오.
❹ 1개당 분할중량은 80g으로 하고 링모양으로 정형하시오.
❺ 반죽은 전량을 사용하여 성형하시오.
❻ 2차 발효 후 끓는물에 데쳐 패닝하시오.
❼ 팬 2개에 완제품 16개를 구어 제출하시오.

❖ 배합표

재료명	비율(%)	무게(g)
강력분	100	900
물	60	540
이스트	3	27
제빵개량제	1	9
소금	2.2	(20)
설탕	2	18
식용유	3	27
계	171.2	1,541

수험자 유의사항

❶ 항목별 배점은 제조공정 60점, 제품평가 40점입니다.
❷ 시험시간은 재료계량시간이 포함된 시간입니다.
❸ 안전사고가 없도록 유의합니다.
❹ 의문 사항이 있으면 감독위원에게 문의하고, 감독위원의 지시에 따릅니다.
❺ 다음과 같은 경우에는 채점대상에서 제외됩니다.

미완성	시험시간 내에 작품을 제출하지 못한 경우
기권	수험자 본인이 수험 도중 기권한 경우
실격	• 작품의 가치가 없을 정도로 타거나 익지 않은 경우 • 주요 요구사항(수량, 모양, 반죽제조법)을 준수하지 않았을 경우 • 지급된 재료 이외의 재료를 사용한 경우 • 시험 중 시설·장비의 조작 또는 재료의 취급이 미숙하여 위해를 일으킬 것으로 감독위원 전원이 합의하여 판단한 경우

지급재료목록 [자격 종목 | 제빵 기능사]

일련번호	재료명	규격	단위	수량	비고
1	밀가루	강력분	g	1000	1인용
2	설탕	정백당	g	20	1인용
3	소금	정제염	g	25	1인용
4	이스트	생이스트	g	35	1인용
5	제빵개량제	제빵용	g	11	1인용
6	식용유		mL	35	1인용
7	위생지	식품용(8절지)	장	10	1인용
8	제품상자	제품포장용	개	1	5인 공용
9	얼음	식용	g	200	1인용(겨울철 제외)

과정

1. 믹싱볼에 모든 재료를 넣고 저속으로 믹싱한다.

2. 저속에서 고속으로 최종단계(100%)까지 믹싱한다(27℃ ±1).

3. 1차 발효(온도 25℃, 습도 75~80%) 30분간 시킨다.

4. 스크레이퍼를 사용하여 전자저울에 80g씩 정확하게 계량하기

5. 덧가루의 사용을 최소화하고 분할한 반죽을 매끄러워지도록 둥글리기 한다.

6. 둥글리기가 완료된 반죽은 순서대로 나무판에 열을 맞추어 정렬하여 비닐이나 젖은 면포를 덮어 10~15분간 중간발효를 시킨다.

7. 둥글리기한 반죽(80g)을 반죽을 눌러 가스를 빼고 3단 접기방법으로 15cm 정도의 막대형으로 만든다.

8. 순서대로 나열하여 다시 길게 밀어 제시된 길이를 만든다.

9. 먼저 만든 순서대로 20~25cm 정도 길이의 막대형으로 만든다.

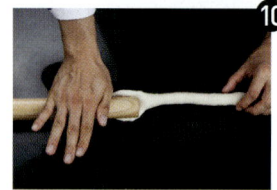
10. 막대형 반죽의 한쪽 끝부분을 밀대로 납작하게 밀어 편다.

11. 밀어 편 부분에 다른 한쪽 끝부분을 올려 떨어지지 않도록 감싸 원형으로 만든다.

12. 이음새가 바닥에 오도록 하여 패닝하고 2차 발효시킨다(온도 35℃, 습도 75~80%).

13. 2차 발효가 완료될 때 미리 물을 끓여 둔다.

14. 끓인 물에 2차 발효가 완료된 반죽을 넣고 앞, 뒷면(30~40초씩)을 살짝 뒤집어 데쳐낸다.

15. 체나 나무주걱을 이용하여 건져낸 후 냉각팬에 놓고 물기를 충분히 뺀다.

16. 다시 평철판에 옮겨 패닝한 후 5분 정도 더 발효를 시킨다.

 **❶⑦** 윗불 200~210℃, 아랫불 180℃에서 15~20분 정도 굽기(중간에 철판 돌려주기) 오븐의 위치에 따라 색이 달라지므로 중간에 한번 위치를 바꿔주어 골고루 색이 나도록 한다.

> **Tip**
> • 2차 발효는 다른 반죽에 비해 약간 덜 시키는 것이 좋으며 발효가 지나치면 주름이 생길 수 있다.

POINT

1. 길게 밀어 펴는 반죽은 중간 사이즈로 밀어주고 비닐을 덮어 휴지를 시킨 후 밀어 편 순서대로 다시 원하는 길이로 밀어야 표피가 터지지 않는다.
2. 물에 데칠 때 나무주걱이나 체로 건져내어 냉각팬에 올려 물기를 충분히 뺀다.
3. 평철판에 옮겨 약 5분 정도 실온에 두고 발효를 시킨 후 굽는다.
4. 베이글을 데치는 이유는 겉면의 전분을 호화시켜 껍질에 광택과 특유의 쫄깃한 식감을 주기 위해서이다.
5. 물에 데칠 때 반죽이 철판에서 잘 떨어지도록 하기 위해서는 덧가루를 살짝 뿌린 후 패닝을 하고 데치기 전에 미리 꺼내어 실온에서 약간 건조한 후에 데친다.

불란서빵
(프랑스빵)

요구사항 ≫ 불란서빵을 제조하여 제출하시오.

① 배합표의 각 재료를 계량하여 재료별로 진열하시오 (5분).
② 반죽은 스트레이트법으로 제조하시오.
③ 반죽 온도는 24℃를 표준으로 하시오.
④ 반죽은 200g씩으로 분할하고, 막대모양으로 만드시오. (단, 막대길이는 30cm, 3군데에 자르기를 하시오.)
⑤ 반죽은 전량을 사용하여 성형하시오.
⑥ 평철판을 사용하여 구우시오.

❖ 배합표

재료명	비율(%)	무게(g)
강력분	100	1000
물	65	650
이스트	3.5	35
제빵개량제	1.5	15
소금	2	20
계	172	1,720

수험자 유의사항

① 항목별 배점은 제조공정 60점, 제품평가 40점입니다.
② 시험시간은 재료계량시간이 포함된 시간입니다.
③ 안전사고가 없도록 유의합니다.
④ 의문 사항이 있으면 감독위원에게 문의하고, 감독위원의 지시에 따릅니다.
⑤ 다음과 같은 경우에는 채점대상에서 제외됩니다.

미완성	• 시험시간 내에 작품을 제출하지 못한 경우
기권	• 수험자 본인이 수험 도중 기권한 경우
실격	• 작품의 가치가 없을 정도로 타거나 익지 않은 경우 • 주요 요구사항(수량, 모양, 반죽제조법)을 준수하지 않았을 경우 • 지급된 재료 이외의 재료를 사용한 경우 • 시험 중 시설·장비의 조작 또는 재료의 취급이 미숙하여 위해를 일으킬 것으로 감독위원 전원이 합의하여 판단한 경우

지급재료목록 [자격 종목: 제빵 기능사]

일련번호	재료명	규격	단위	수량	비고
1	밀가루	강력분	g	1100	1인용
2	소금	정제염	g	22	1인용
3	이스트	생이스트	g	40	1인용
4	제빵개량제	제빵용	g	18	1인용
5	얼음	식용	g	200	1인용 (겨울철 제외)
6	위생지	식품용 (8절지)	장	10	1인용
7	제품상자	제품포장용	개	1	5인 공용

1 믹싱볼에 모든 재료를 넣고 저속으로 믹싱한다.

2 저속과 중속으로 발전단계 후기(90%)까지 믹싱한다(24℃±1).

3 1차 발효(온도 24℃, 습도 75~80%) 60분간 시킨다.

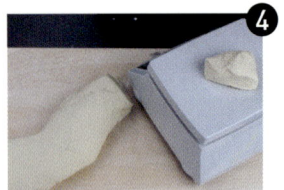
4 발효용기에서 꺼낸 반죽을 200g씩 정확하게 계량하기

5 최소한의 덧가루를 사용하여 분할하고 두 손으로 둥글리기 한다.

6 둥글리기한 반죽을 적절한 간격을 유지하여 나무판에 열을 맞추어 정렬하여 비닐이나 젖은 면포를 덮어 중간발효시킨다(10~15분간).

7 중간발효가 된 반죽(200g)에 밀대를 이용하여 타원형이 되게 밀어 준다.

8 3단 접기를 하여 접힌 방향으로 길고 단단하게 말아준다.

9 양손으로 살짝 늘려 준 후 단단하게 말아 이음매가 일자가 되도록 손으로 꼬집어 준다.

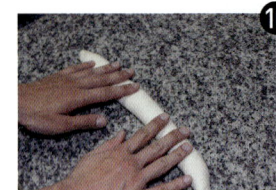
10 가운데를 먼저 밀어 양쪽의 두께를 맞추면서 길이 30cm가 되도록 확인한다.

11 평철판에 간격을 일정하게 패닝하여 30분 정도 2차 발효시킨다(온도 30~32℃, 습도 75%).

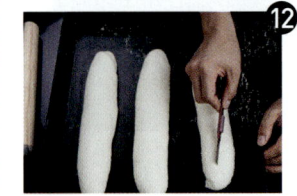
12 2차 발효실에서 꺼내어 실온에서 윗면을 살짝 건조시킨 후 3개의 칼집의 자리를 가늠해본다.

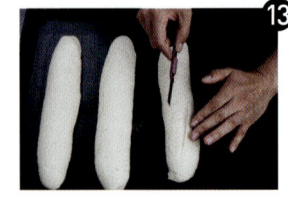
13 첫 번째 칼집은 옆으로 뉘어서 사선으로 칼집을 넣는다.

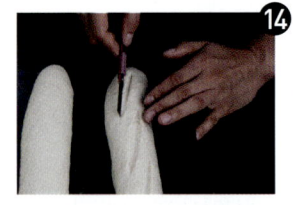
14 총 3번의 칼집이 서로 겹치듯이 하여 길이와 균형에 맞도록 한다.

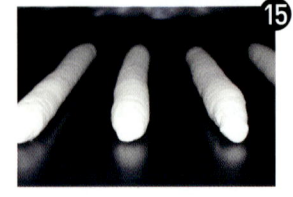
15 분무기로 반죽 윗면에 물을 충분히 뿌려준다.

16 윗불 220℃, 아랫불 210℃로 예열된 오븐에 넣어 굽고 윗면의 색이 나면 윗불과 아랫불 모두 170℃로 낮추고 25~30분 정도 더 굽는다.

Tip
- 2차 발효 후 윗면을 살짝 건조시킨 다음 칼집 3군데를 겹치듯이 낸다.

POINT

1. 반죽온도가 비교적 낮아 1차 발효시간을 길게 주며, 중간발효시간에도 실내온도를 확인하여 여름철은 실온 겨울철에는 발효실을 이용한다.
2. 성형작업시 덧가루의 사용을 최소화한다.
3. 2차발효실 온도와 습도를 낮게 유지하며 적용이 어려운 시험장이라면 칼집을 내기전에 겉면을 살짝 건조시킨 후 칼집을 내는 작업을 하는게 좋다.
4. 칼집은 사선으로 3군데의 칼집을 내어준다.
5. 오븐에 넣기 전에 분무기를 이용하여 골고루 물을 뿌려주며 윗색이 나기 전에 오븐문을 열지 않도록 한다.
6. 오븐의 온도는 220~230℃의 온도에서 굽다가 색이나면 철판을 돌려주며 170℃로 낮추어 구워준다.

BAKING BREAD

시험시간 3시간 30분

브리오슈

요구사항 >>> 브리오슈를 제조하여 제출하시오.

① 배합표의 각 재료를 계량하여 재료별로 진열하시오 (10분).
② 반죽은 스트레이트법으로 제조하시오.
(단, 유지는 클린업 단계에 첨가하시오.)
③ 반죽 온도는 29℃를 표준으로 하시오.
④ 분할무게는 40g씩이며, 오뚜기 모양으로 제조하시오.
⑤ 반죽은 전량을 사용하여 성형하시오.

❖ 배합표

재료명	비율(%)	무게(g)
강력분	100	900
물	30	270
이스트	8	72
소금	1.5	13.5(14)
마가린	20	180
버터	20	180
설탕	15	135
분유	5	45
달걀	30	270
브랜디	1	9
계	230.5	2074.5(2075)

수험자 유의사항

① 항목별 배점은 제조공정 60점, 제품평가 40점입니다.
② 시험시간은 재료계량시간이 포함된 시간입니다.
③ 안전사고가 없도록 유의합니다.
④ 의문 사항이 있으면 감독위원에게 문의하고, 감독위원의 지시에 따릅니다.
⑤ 다음과 같은 경우에는 채점대상에서 제외됩니다.

미완성	• 시험시간 내에 작품을 제출하지 못한 경우
기권	• 수험자 본인이 수험 도중 기권한 경우
실격	• 작품의 가치가 없을 정도로 타거나 익지 않은 경우 • 주요 요구사항(수량, 모양, 반죽제조법)을 준수하지 않았을 경우 • 지급된 재료 이외의 재료를 사용한 경우 • 시험 중 시설·장비의 조작 또는 재료의 취급이 미숙하여 위해를 일으킬 것으로 감독위원 전원이 합의하여 판단한 경우

지급재료목록   자격 종목   제빵 기능사

일련번호	재료명	규격	단위	수량	비고
1	밀가루	강력분	g	990	1인용
2	설탕	정백당	g	300	1인용
3	소금	정제염	g	15	1인용
4	식용유	대두유	ml	50	1인용
5	이스트	생이스트	g	80	1인용
6	버터	무염	g	200	1인용
7	마가린	제빵용	g	200	1인용
8	탈지분유	제과(빵)용	g	50	1인용
9	달걀	60g (껍질포함)	개	5	1인용
10	브랜디		g	10	1인용
11	얼음	식용	g	200	1인용
12	위생지	식품용 (8절지)	장	10	1인용
13	제품상자	제품포장용	개	1	5인 공용

1 믹싱볼에 버터와 마가린을 제외한 모든 재료를 넣고 믹싱한다.

2 클린업 단계에서 버터와 마가린을 넣는다(유지 많으니 3회 나누어 넣기).

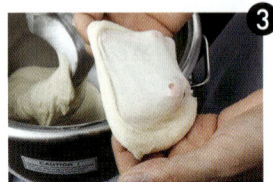
3 최종단계(100%)까지 믹싱한다(반죽온도 29℃±1).

4 1차 발효(온도 29℃, 습도 75~80%)를 50~60분간 시킨다. 표면을 매끄럽게 둥글리기 하여 발효통(스텐볼 또는 플라스틱 사각통)에 넣은 후 비닐을 덮어 발효시킨다.

5 전자저울을 이용하여 40g씩 정확하게 계량하기

6 덧가루의 사용을 최소화하고 분할한 반죽이 매끄러워지도록 둥글리기 한다.

7 둥글리기가 완료된 반죽을 순서대로 나무판에 열을 맞추어 비닐이나 젖은 면포를 덮어 중간발효를 10~15분간 한다.

8 반죽의 1/4정도(머리 10g+몸통 30g 정도)를 나눈다.

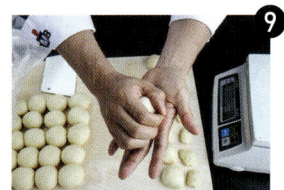
9 몸통을 모두 재둥글리기한 후 바닥의 매듭을 봉한다.

10 재둥글리기 한 몸통반죽의 밑면이음선을 봉한 후에 브리오슈 팬에 패닝한다.

11 머리부분을 매끈하게 둥글리기 한다.

12 머리부분의 끝을 한쪽 손날을 이용하여 올챙이 모양으로 만들어 둔다.

13 손가락에 물을 찍어 바른 후 몸통반죽의 가운데를 찔러서 바닥이 완전히 보이도록 구멍을 뚫어준다.

14 올챙이형태로 만든 반죽의 끝을 정가운데로 자리를 잡을수 있도록 구멍에 넣어준다.

15 균형잡힌 오뚜기 모양으로 완성한다.

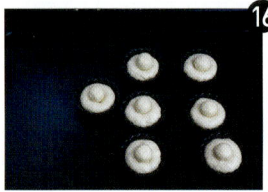
16 패닝하여 몸통반죽이 틀 높이 정도까지 오도록 20분 정도 2차 발효시킨다(온도 35~38℃, 습도 80~85%).

⑰ 윗불 180℃, 아랫불 170℃에서 13~15분간 굽기(중간에 철판 돌려주기) 오븐의 위치에 따라 색이 달라지므로 중간에 한번 위치를 바꿔주어 골고루 색이 나도록 한다.

POINT

1. 유지의 함량이 많으므로 2~3번에 나누어 유지를 넣는다.
2. 유지함량이 많아 손에 붙지 않으므로 덧가루사용을 최소화한다.
3. 성형시간이 길기 때문에 머리와 몸통부분을 만드는 작업 시 저울보다 손으로 되도록 빠르게 분할해야 한다. 머리부분이 크지 않도록 주의한다.
4. 균형잡히 오뚜기 모양을 잡아야 하므로 구멍을 뚫을 때 정확하게 가운데에 구멍을 내도록 한다.
5. 손에 물을 묻혀 정중앙에 구멍을 뚫어주면 반죽끼리 잘 붙어 머리부분이 기울어지지 않도록 도와준다.

BAKING BREAD

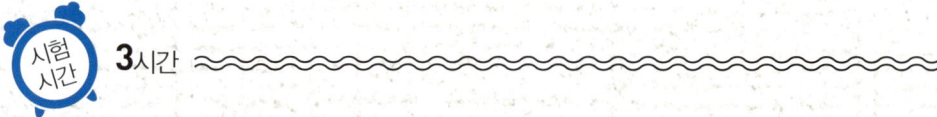

시험시간 3시간

빵도넛

요구사항 ≫ 빵도넛을 제조하여 제출하시오.

1. 배합표의 각 재료를 계량하여 재료별로 진열하시오 (12분).
2. 반죽을 스트레이트법으로 제조하시오.
   (단, 유지는 클린업 단계에서 첨가하시오.)
3. 반죽온도는 27℃를 표준으로 하시오.
4. 분할무게는 45g씩으로 하시오.
5. 모양은 8자형 또는 트위스트형(꽈배기형)으로 만드시오.(단, 감독위원이 지정하는 모양으로 변경할 수 있음)
6. 반죽은 전량을 사용하여 성형하시오.

❖ **배합표**

재료명	비율(%)	무게(g)
강력분	80	880
박력분	20	220
설탕	10	110
쇼트닝	12	132
소금	1.5	16.5
분유	3	33
이스트	5	55
제빵개량제	1	11
바닐라 향	0.2	2.2
달걀	15	165
물	46	506
넛메그	0.3	3.3
계	194	2134

 수험자 유의사항

1. 항목별 배점은 제조공정 60점, 제품평가 40점입니다.
2. 시험시간은 재료계량시간이 포함된 시간입니다.
3. 안전사고가 없도록 유의합니다.
4. 의문 사항이 있으면 감독위원에게 문의하고, 감독위원의 지시에 따릅니다.
5. 다음과 같은 경우에는 채점대상에서 제외됩니다.

미완성	• 시험시간 내에 작품을 제출하지 못한 경우
기권	• 수험자 본인이 수험 도중 기권한 경우
실격	• 작품의 가치가 없을 정도로 타거나 익지 않은 경우 • 주요 요구사항(수량, 모양, 반죽제조법)을 준수하지 않았을 경우 • 지급된 재료 이외의 재료를 사용한 경우 • 시험 중 시설·장비의 조작 또는 재료의 취급이 미숙하여 위해를 일으킬 것으로 감독위원 전원이 합의하여 판단한 경우

 지급재료목록 [자격 종목] [제빵 기능사]

일련번호	재료명	규격	단위	수량	비고
1	밀가루	강력분	g	968	1인용
2	밀가루	박력분	g	242	1인용
3	설탕	정백당	g	121	1인용
4	쇼트닝	제과제빵용	g	145	1인용
5	소금	정제염	g	18	1인용
6	탈지분유	제과제빵용	g	51	1인용
7	이스트	생이스트	g	61	1인용
8	제빵개량제	제빵용	g	13	1인용
9	바닐라향	분말	g	3	1인용
10	달걀	60g(껍질포함)	개	4	1인용
11	넛메그	향신료(식용)	g	4	1인용
12	식용유	대두유	ml	3000	2인용
13	얼음	식용	g	200	1인용 (겨울철 제외)
14	위생지	식품용(8절지)	장	10	1인용
15	부탄가스	가정용(220g)	개	1	5인 공용
16	제품상자	제품포장용	개	1	5인 공용

과정

① 믹싱볼에 마가린을 제외한 모든 재료를 넣고 저속으로 믹싱한다.

② 클린업 단계에서 마가린을 넣는다.

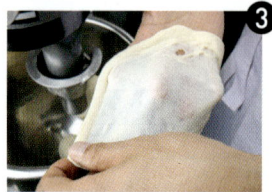
③ 최종단계(100%)까지 믹싱하고 반죽온도를 27℃로 맞추기(오차 ±1 만점)

④ 1차 발효(온도 27℃, 습도 75~80%)를 60분간 시킨다. 표면을 매끄럽게 둥글리기 하여 발효통(스텐볼 또는 플라스틱 사각통)에 넣은 후 비닐을 덮어 발효시킨다.

⑤ 1차 발효가 완료된 반죽은 전자저울을 사용하여 45g씩 정확하게 계량하기

⑥ 최소한의 덧가루를 사용하여 분할하여 둥글리기를 한다.

⑦ 표면이 매끄러워지도록 둥글리기 한다.

⑧ 둥글리기가 완료된 반죽을 적절한 간격을 유지하여 나무판에 열을 맞추어 정렬한다.

⑨ 비닐을 덮어 중간 발효시킨다(10~15분간).

⑩ 중간 발효된 반죽(45g)을 가볍게 밀어주면서 미리 10cm 정도 일자형으로 만들어 놓는다.

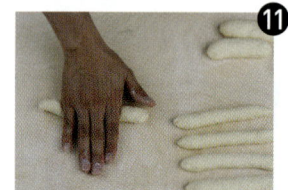
⑪ 좀 더 작업하기 좋게 반죽의 길이를 조금씩 늘려 가면서 만들면 좋다(15~20cm).

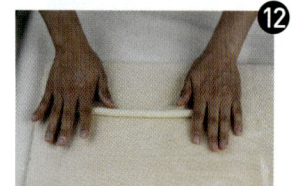
⑫ 가운데부터 밀어 준 후 가늘어지면 바깥쪽으로 밀면서 지시된 길이로 밀어편다.

⑬ 8자 꼬기(25cm)로 사진과 같이 순서대로 당기지 말고 자연스럽게 매듭을 꼬이도록 만들어 준다.

⑭ 꽈배기형(25cm)은 두 손으로 반죽의 양끝을 잡고 비틀어준다.

⑮ 양 끝을 잡아 들어 꽈배기 모양을 만든다.

⑯ 꼬임이 모두 균일하게 4개 정도가 되도록 비틀어 주며 반죽의 끝부분이 떨어지지 않게 잘 봉해 준다.

⑰ 각각 같은 종류끼리 12개씩 패닝하여 2차 발효(온도 35~38℃, 습도 85%)를 20~25분 정도한다.

⑲ 튀겨낸 후 계피설탕 묻히기 (요구사항에는 없으나 보통 설탕에 묻혀 제출한다. 감독위원의 지시에 따르도록 한다.)

⑱ 180℃로 기름온도를 예열한 뒤 같은 모양 반죽끼리 노릇하게 튀겨준다.

POINT

1. 반죽의 완성은 최종단계 초기 때 완료하면 도넛모양을 잘 유지할 수 있다.
2. 동일한 모양끼리 패닝을 해야만 발효완료시간을 맞출 수 있다.
3. 반죽을 밀어펼 때는 대략 7~10개 정도씩 밀어 놓고 성형하고 또 밀어펴기를 반복하면 시간을 절약할 수 있어 좋다.
4. 튀김작업도구와 튀김기름은 2차 발효시간에 미리 준비하고 예열하여 둔다.
5. 2차발효의 습도는 높지 않게 유지하고, 만약 조정이 어렵다면 튀기기 전에 건조하여 물기가 없도록 하여 튀기면 좋다.
6. 최소한으로 뒤집어 튀겨야 옆선도 생기고 기름도 많이 흡수하지 않는다.
7. 설탕을 묻힐 때 충분히 식힌 후 작업을 해야 녹은 현상을 막을 수 있다.

BAKING BREAD

시험시간 **4**시간

단과자빵
(소보로빵)

요구사항 ≫ 단과자빵(소보로빵)을 제조하여 제출하시오.

❶ 빵반죽 재료를 계량하여 재료별로 진열하시오(9분).
❷ 반죽은 스트레이트법으로 제조하시오.
   (단, 유지는 클린업 단계에 첨가하시오.)
❸ 반죽 온도는 27℃를 표준으로 하시오.
❹ 반죽 1개의 분할무게는 46g씩, 1개당 소보로 사용량은 약 26g씩으로 제조하시오.
❺ 토핑용 소보로는 배합표에 의거 직접 제조하여 사용하시오.
❻ 반죽은 전량을 사용하여 성형하시오.

❖ 배합표

― 빵반죽

재료명	비율(%)	무게(g)
강력분	100	1100
물	47	517
이스트	4	44
제빵개량제	1	11
소금	2	22
마가린	18	198
분유	2	22
달걀	15	165
설탕	16	176
계	205	2,255

― 토핑용 소보로

재료명	비율(%)	무게(g)
중력분	100	500
설탕	60	300
마가린	50	250
땅콩버터	15	75
달걀	10	50
물엿	10	50
분유	3	15
베이킹파우더	2	10
소금	1	5
계	251	1,255

※ 충전용 토핑용 재료는 계량시간에서 제외

| 빵반죽 |

| 토핑용 소보로 |

수험자 유의사항

❶ 항목별 배점은 제조공정 60점, 제품평가 40점입니다.
❷ 시험시간은 재료계량시간이 포함된 시간입니다.
❸ 안전사고가 없도록 유의합니다.
❹ 의문 사항이 있으면 감독위원에게 문의하고, 감독위원의 지시에 따릅니다.
❺ 다음과 같은 경우에는 채점대상에서 제외됩니다.

미완성	• 시험시간 내에 작품을 제출하지 못한 경우
기권	• 수험자 본인이 수험 도중 기권한 경우
실격	• 작품의 가치가 없을 정도로 타거나 익지 않은 경우 • 주요 요구사항(수량, 모양, 반죽제조법)을 준수하지 않았을 경우 • 지급된 재료 이외의 재료를 사용한 경우 • 시험 중 시설·장비의 조작 또는 재료의 취급이 미숙하여 위해를 일으킬 것으로 감독위원 전원이 합의하여 판단한 경우

지급재료목록 [자격 종목: 제빵 기능사]

일련번호	재료명	규격	단위	수량	비고
1	밀가루	강력분	g	1210	1인용
2	밀가루	중력분	g	550	1인용
3	설탕	정백당	g	520	1인용
4	마가린	제과제빵용	g	490	1인용
5	소금	정제염	g	30	1인용
6	이스트	생이스트	g	50	1인용
7	제빵개량제	제빵용	g	13	1인용
8	탈지분유	제과제빵용	g	40	1인용
9	달걀	60g(껍질포함)	개	6	1인용
10	땅콩버터	제과용	g	85	1인용
11	물엿	이온엿, 제과용	g	55	1인용
12	베이킹파우더	제과제빵용	g	11	1인용
13	식용유	대두유	ml	50	1인용
14	얼음	식용	g	200	1인용(겨울철제외)
15	위생지	식품용(8절지)	장	10	1인용
16	제품상자	제품포장용	개	1	5인 공용

과정

❶ 믹싱볼에 마가린을 제외한 모든 재료를 넣고 저속으로 믹싱한다.

❷ 클린업 단계에서 마가린을 넣는다.

❸ 최종단계(100%)까지 믹싱하고 반죽온도를 27℃로 맞추기(오차 ±1 만점)

❹ 1차 발효(온도 27℃, 습도 75~80%)를 60분간 시킨다. 표면을 매끄럽게 둥글리기 하여 발효통(스텐볼 또는 플라스틱 사각통)에 넣은 후 비닐을 덮어 발효시킨다.

토핑용 소보로 제조
1차 발효를 하는 동안 토핑용소보로를 만든다.

4-1 마가린 땅콩버터를 거품기로 부드럽게 풀어주어 부드러운 크림 상태로 만든다.

4-2 설탕과 물엿, 소금을 넣고 크림화한다(여름철에는 질어지지 않도록 조금만 크림화한다).

4-3 계란을 천천히 나누어 넣고 연한 아이보리색이 되도록 크림화 한다.

4-4 크림을 완성한 뒤 체질한 중력분과 베이킹파우더, 분유를 넣고 가볍게 주걱으로 자르듯 섞어준다.

4-5 고슬고슬한 상태로 덩어리가 생기지 않도록 제조하여 비닐로 덮어둔다.

❺ 발효용기에서 꺼낸 반죽의 폭을 5~7cm 넓이로 길게 잘라 전자저울을 사용하여 46g씩 계량하기

❻ 최소한의 덧가루를 사용하여 분할하여 둥글리기를 한다.

❼ 표면이 매끄러워지도록 둥글리기 한다.

❽ 둥글리기가 완료된 반죽을 적절한 간격을 유지하여 나무판에 순서대로 열을 맞추어 정렬한다.

❾ 분할 둥글리기가 끝나면 비닐로 덮어 중간 발효시킨다 (10~15분간).

❿ 10~15분 정도 중간 발효된 반죽(46g)을 살짝 재둥글리기 하고 반죽 바닥부분을 봉해준다.

⓫ 바닥부분을 손으로 잡고, 반죽의 윗부분의 2/3 정도를 물에 묻혀준다.

⓬ 소보로 토핑(26g) 위에 물을 묻힌 반죽을 놓는다.

⓭ 두 손을 포개 가볍게 눌러 찍어 낸다.

⓮ 이때 소보로 토핑의 두께와 넓이 찍는 힘이 항상 일정하도록 해야 한다.

⓯ 찍어낸 소보로 반죽을 손으로 옮겨 철판에 옮긴 뒤 토핑 윗부분을 손바닥으로 살짝 눌러준 뒤 일정한 간격으로 나누어 패닝한다.

⓰ 　　에서 12~15분 굽기(중간에 판 돌려주기)

⓱ 오븐의 위치에 따라 색이 달라지므로 중간에 한번 위치를 바꿔주어 골고루 색이 나도록 한다.

⓲

POINT

1. 1차 발효시간을 이용하여 소보로 토핑을 만들어둔다(이때 고무주걱만으로 자르듯이 섞으면서 약 80~90% 정도 섞어두고 비닐을 덮어두고 나중에 쓸 때 마무리하여 고슬고슬하게 한다).
2. 소보로를 찍을 때 반죽을 살짝 재둥글리기를 하는데 세게 하지 않도록 주의한다.
3. 소보로 토핑이 부족하지 않도록 26g의 무게를 정확하게 사용하도록 한다.
4. 2차 발효를 많이 하게 되면 빵이 주저 앉을 수 있으므로 약간 적게(80%) 발효시키도록 한다.
5. 윗불 190℃, 아랫불 160℃에서 12~15분 굽는다. 오븐의 위치에 따라 색이 달라지므로 중간(6분정도)에 한번 위치를 바꿔주어 골고루 색이 나도록 한다.
6. 오븐에서 꺼내면 작업대에 살짝 내리쳐 뜨거운 열이 빨리 빠져나갈 수 있도록 해야 주저앉지 않는다.
7. 개수가 많은 빵의 평가는 특히 균일한 크기와 색깔이 중요하다.

BAKING BREAD

시험시간 **4**시간

소시지빵

요구사항 ≫ 소시지빵을 제조하여 제출하시오.

① 반죽 재료를 계량하여 재료별로 진열하시오(10분).
(토핑 및 충전물 재료의 계량은 휴지시간을 활용하시오.)
② 반죽은 스트레이트법으로 제조하시오.
③ 반죽온도는 27℃를 표준으로 하시오.
④ 반죽 분할무게는 70g씩 분할하시오.
⑤ 반죽은 전량을 사용하여 분할하고, 완제품(토핑 및 충전물 완성)은 18개 제조하여 제출하시오.
⑥ 충전물은 발효시간을 활용하여 제조하시오.
⑦ 정형 모양은 낙엽모양과 꽃잎모양의 2가지로 만들어서 제출하시오.

❖ 배합표

– 빵반죽

재료명	비율(%)	무게(g)
강력분	80	640
중력분	20	160
생이스트	4	32
제빵개량제	1	8
소금	2	16
설탕	11	88
마가린	9	72
탈지분유	5	40
달걀	5	40
물	52	416
계	189	1,512

– 토핑 및 충전물

재료명	비율(%)	무게(g)
프랑크소시지	100	(720)
양파	72	504
마요네즈	34	238
피자치즈	22	154
케찹	24	168
계	252	1,784

※ 충전용 토핑용 재료는 계량시간에서 제외

| 빵반죽 |

| 토핑 및 충전물 |

수험자 유의사항

① 항목별 배점은 제조공정 60점, 제품평가 40점입니다.
② 시험시간은 재료계량시간이 포함된 시간입니다.
③ 안전사고가 없도록 유의합니다.
④ 의문 사항이 있으면 감독위원에게 문의하고, 감독위원의 지시에 따릅니다.
⑤ 다음과 같은 경우에는 채점대상에서 제외됩니다.

미완성	• 시험시간 내에 작품을 제출하지 못한 경우
기권	• 수험자 본인이 수험 도중 기권한 경우
실격	• 작품의 가치가 없을 정도로 타거나 익지 않은 경우 • 주요 요구사항(수량, 모양, 반죽제법)을 준수하지 않았을 경우 • 지급된 재료 이외의 재료를 사용한 경우 • 시험 중 시설·장비의 조작 또는 재료의 취급이 미숙하여 위해를 일으킬 것으로 감독위원 전원이 합의하여 판단한 경우

지급재료목록 자격 종목: 제빵 기능사

일련번호	재료명	규격	단위	수량	비고
1	밀가루	강력분	g	700	1인용
2	밀가루	중력분	g	200	1인용
3	설탕	정백당	g	100	1인용
4	소금	정제염	g	20	1인용
5	이스트	생이스트	g	32	1인용
6	제빵개량제		g	10	1인용
7	마가린	제과제빵용	g	80	1인용
8	탈지분유	제과제빵용	g	50	1인용
9	달걀	60g(껍질포함)	개	1	1인용
10	프랑크소시지	중량 40g/길이 12cm	개	19	1인용
11	양파	껍질깐것	g	520	1인용
12	마요네즈	식품용	g	250	1인용
13	피자치즈	모짜렐라 치즈	g	180	1인용
14	케찹	식품용	g	200	1인용
15	얼음	식용	g	200	1인용 (겨울철 제외)
16	위생지	식품용(8절지)	장	10	1인용
17	제품상자	제품포장용	개	1	5인 공용

과정들

1 믹싱볼에 마가린을 제외한 모든 재료를 넣고 저속으로 믹싱한다.

2 클린업 단계에서 마가린을 넣고 중속으로 믹싱한다.

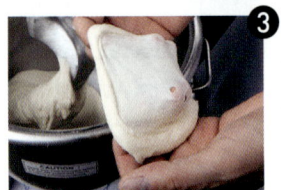
3 최종단계(100%)까지 믹싱하고 반죽온도를 27℃로 맞추기(오차 ±1 만점)

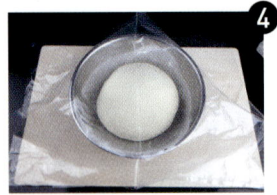
4 1차 발효(온도 27℃, 습도 75~80%)를 60분간 시킨다. 표면을 매끄럽게 둥글리기 하여 발효통(스텐볼 또는 플라스틱 사각통)에 넣은 후 비닐을 덮어 발효시킨다.

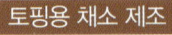
토핑용 채소 제조

1차 발효를 하는 동안 토핑용 야채를 준비한다(2차 발효 때 준비하여도 된다).

4-1 양파를 다진다.

4-2 피자치즈 일부와 마요네즈를 골고루 섞는다(2차 발효 때 섞는다).

4-3 프랑크소시지를 따뜻한 물에 씻어 기름기를 제거한 뒤 물기를 제거해 둔다.

5 발효용기에서 꺼낸 반죽은 전자저울을 사용하여 70g씩 정확하게 계량하기

6 최소한의 덧가루를 사용하여 분할하여 둥글리기를 한다.

7 표면이 매끄러워지도록 둥글리기 한다.

8 둥글리기가 완료된 반죽을 적절한 간격을 유지하여 나무판에 열을 맞추어 정렬한다.

9 비닐이나 젖은 면포를 덮어 중간 발효시킨다(10~15분간).

10 밀대를 이용하여 반죽을 일정한 크기의 타원형으로 만든다.

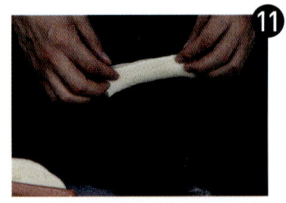
11 반죽을 감싸서 프랑크소시지가 보이지 않도록 한다.

12 가위나 칼로 사선으로 약간의 반죽을 남기며 잘라준다.

13 일정한 간격을 잘라준다(8~9개).

⑭ 낙엽모양과 꽃잎모양으로 잘라주기

Ⓐ 낙엽모양으로 만들기
A-1 평철판에 패닝 후 가위를 비스듬히 눕혀 윗부분을 잘라 놓는다.

A-2 가위로 첫 번째 부분을 잘라 옆으로 뒤집어서 펴준다.

A-3 일정한 간격으로 8~9개를 자른 후 지그재그로 뒤집어 주면서 낙엽 모양으로 만든다.

Ⓑ 꽃잎모양으로 만들기
B-1 낙엽모양을 만드는 방법과 동일하게 자른 후 잘린 반죽을 한쪽 옆으로 돌리면서 하나씩 뒤집어 펴준다.

B-2 한바퀴를 돌려 꽃잎모양을 만든다.

⑮ 일정한 간격과 6개씩 패닝한다. 2차 발효(온도 35~38℃, 습도 85%)를 20분 정도한다.

⑯ 2차 발효된 반죽 위에 충전물(양파, 피자치즈)을 반죽 위에 올리고 남은 피자치즈를 뿌려준다.

⑰ 마요네즈와 케첩을 반죽 위에 골고루 지그재그로 뿌린다.

⑱ 윗불 190℃, 아랫불 150℃에서 15~20분 굽기(중간에 판 돌려주기)
오븐의 위치에 따라 색이 달라지므로 중간에 한번 위치를 바꿔주어 골고루 색이 나도록 한다.

POINT

1. 최종단계의 반죽은 손가락의 지문이 보일 정도의 얇은 막을 형성할 수 있는 상태의 반죽이다.
2. 반죽의 분할은 주어진 시간에 신속하고 정확하게 이루어져야 한다.
3. 소시지를 자를 때는 약간의 반죽을 남긴 상태로 소세지는 사선으로 완전히 잘라야 한다.
4. 제시된 모양별로 8~9등분을 일정하게 만든다.
5. 1차 발효, 2차 발효시간을 이용하여 양파를 잘게 다진다(단 마요네즈를 미리 섞어두면 물이 생기므로 2차 발효에 들어가면 준비한다).
6. 피자치즈와 케첩은 골고루 뿌려주며 빵반죽 밖으로 나가지 않도록 주의한다.
7. 피자치즈의 색이 황갈색이 나도록 구운 후에는 약간 식은 후 타공팬에 옮긴다(오븐에서 꺼내자마자 옮기면 채소가 밀려 떨어질 수 있다).

BAKING BREAD

시험시간 **4**시간

스위트롤

요구사항 >>> 스위트롤을 제조하여 제출하시오.

1. 배합표의 각 재료를 계량하여 재료별로 진열하시오 (9분).
2. 반죽은 스트레이트법으로 제조하시오.
   (단, 유지는 클린업 단계에 첨가 하시오.)
3. 반죽온도는 27℃를 표준으로 사용하시오.
4. 야자잎형, 트리플리프(세잎새형)의 2가지 모양으로 만드시오.
5. 계피설탕은 각자가 제조하여 사용하시오.
6. 반죽은 전량을 사용하여 성형하시오.

❖ 배합표

재료명	비율(%)	무게(g)
강력분	100	1200
물	46	552
이스트	5	60
제빵개량제	1	12
소금	2	24
설탕	20	240
쇼트닝	20	240
분유	3	36
달걀	15	180
계	212	2,544

※ 충전용 재료는 계량시간에서 제외

충전용 설탕	15	180
충전용 계피가루	1.5	18

| 반죽 |

| 충전물 |

수험자 유의사항

1. 항목별 배점은 제조공정 60점, 제품평가 40점입니다.
2. 시험시간은 재료계량시간이 포함된 시간입니다.
3. 안전사고가 없도록 유의합니다.
4. 의문 사항이 있으면 감독위원에게 문의하고, 감독위원의 지시에 따릅니다.
5. 다음과 같은 경우에는 채점대상에서 제외됩니다.

미완성	• 시험시간 내에 작품을 제출하지 못한 경우
기권	• 수험자 본인이 수험 도중 기권한 경우
실격	• 작품의 가치가 없을 정도로 타거나 익지 않은 경우 • 주요 요구사항(수량, 모양, 반죽제조법)을 준수하지 않았을 경우 • 지급된 재료 이외의 재료를 사용한 경우 • 시험 중 시설·장비의 조작 또는 재료의 취급이 미숙하여 위해를 일으킬 것으로 감독위원 전원이 합의하여 판단한 경우

지급재료목록 자격 종목 제빵 기능사

일련번호	재료명	규격	단위	수량	비고
1	밀가루	강력분	g	1320	1인용
2	쇼트닝	제과제빵용	g	260	1인용
3	설탕	정백당	g	500	1인용
4	소금	정제염	g	26	1인용
5	이스트	생이스트	g	66	1인용
6	제빵개량제	제빵용	g	15	1인용
7	계피가루		g	20	1인용
8	탈지분유	제과제빵용	g	40	1인용
9	달걀	60g(껍질포함)	개	4	1인용
10	식용유	대두유	ml	50	1인용
11	얼음	식용	g	200	1인용 (겨울철 제외)
12	위생지	식품용(8절지)	장	10	1인용
13	제품상자	제품포장용	개	1	5인 공용

과정

1 믹싱볼에 쇼트닝을 제외한 모든 재료를 넣고 믹싱한다.

2 클린업 단계에서 쇼트닝을 넣고 중속으로 돌린다.

3 최종단계(100%)까지 믹싱한다(27℃±1).

4 1차 발효(온도 27℃, 습도 75~80%)를 40분간 시킨다. 표면을 매끄럽게 둥글리기 하여 발효통(스텐볼 또는 플라스틱 사각통)에 넣은 후 비닐을 덮어 발효시킨다.

5 발효용기에서 꺼낸 반죽을 2등분하여 직사각형이 되도록 하고 비닐이나 젖은 면포를 잠시 덮어둔다.
5-1 중간발효시간 동안 충전용 계피설탕과 용해버터를 준비한다.

6 반죽 한 덩어리를 밀대를 이용하여 직사각형으로 밀어편다.

7 위아래로 밀면서 세로 30cm 정도로 밀어편다.

8 세로를 30cm 정도의 밀대 길이에 맞춘 후 두께 0.3~0.4cm 정도가 되도록 양옆으로 밀어 펴 준다.

9 미리 녹인 버터를 위쪽 이음매부분이 될 1cm 정도를 남기고 얇게 붓으로 발라 준다(너무 많이 바르면 흘러나올 수 있으니 골고루 얇게 바른다).

10 충전물인 계피설탕을 골고루 뿌린다.

11 위쪽에 이음매가 될 부분은 손으로 미리 살짝 눌러 잘 붙게 한다.

12 이음매 부분이 될 가장자리 부분 1cm 정도에 물을 발라둔다.

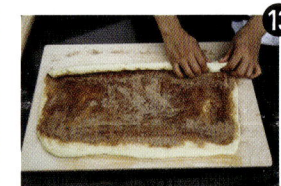
13 밑에서부터 살짝 당기듯 균일한 두께로 말아 준다.

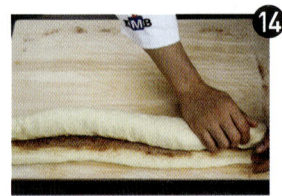
14 마지막 이음매부분은 손으로 꼬집어 일자로 이어지도록 한다.

15 형태에 따라 반죽의 끝부분을 1/4 부분만 남기고 사이를 잘라 준다.

⑯ **야자잎형**(두잎) : 약 4cm 정도의 길이로 자른 후 가운데를 3/4 정도만 잘라 벌려 놓는다.

⑰ **트리플 리프형**(세잎 자르기) : 5cm 정도의 길이로 자른 후 3등분으로 나눠 각각 3/4 정도만 자른 후 카드처럼 펼친다. 같은 모양끼리 일정한 간격으로 패닝하여 20분 정도 2차 발효를 시킨다(온도 35℃, 습도 85%).

⑱ 윗불 190℃, 아랫불 160℃에서 12~15분 정도 굽기

POINT

1. 1차 발효 후 2등분하여 바로 성형을 하므로 미리 철판을 준비해둔다.
2. 성형을 세게 말면 반죽이 위로 올라오고 살살 말면 빈공간이 생겨 충전용 설탕계피가 빠져 나오므로 주의한다.
3. 제시된 야자잎(두잎)과 트리플리프형(세잎형)끼리 모야 패닝하여 굽기를 해야 일정한 제품을 만들 수 있다.
4. 줄무늬는 계피설탕으로 모양을 내는데 뚜렷한 모양이 나올 수 있도록 충분히 골고루 넣어준다.

BAKING BREAD

시험시간 2시간 40분

식빵
(비상스트레이트법)

 요구사항 ≫ 식빵(비상스트레이트법)을 제조하여 제출하시오.

① 배합표의 각 재료를 계량하여 재료별로 진열하시오. (8분).
② 비상스트레이트법 공정에 의해 제조하시오. (반죽온도는 30℃로 한다.)
③ 표준분할무게는 170g으로 하고, 제시된 팬의 용량을 감안하여 결정하시오. (단, 분할무게×3을 1개의 식빵으로 함)
④ 반죽은 전량을 사용하여 성형하시오.

❖ **배합표**

재료명	비율(%)	무게(g)
강력분	100	1200
물	63	756
이스트	4	48
제빵개량제	2	24
설탕	5	60
쇼트닝	4	48
분유	3	36
소금	2	24
계	183	2,196

 수험자 유의사항

① 항목별 배점은 제조공정 60점, 제품평가 40점입니다.
② 시험시간은 재료계량시간이 포함된 시간입니다.
③ 안전사고가 없도록 유의합니다.
④ 의문 사항이 있으면 감독위원에게 문의하고, 감독위원의 지시에 따릅니다.
⑤ 다음과 같은 경우에는 채점대상에서 제외됩니다.

미완성	• 시험시간 내에 작품을 제출하지 못한 경우
기권	• 수험자 본인이 수험 도중 기권한 경우
실격	• 작품의 가치가 없을 정도로 타거나 익지 않은 경우 • 주요 요구사항(수량, 모양, 반죽제조법)을 준수하지 않았을 경우 • 지급된 재료 이외의 재료를 사용한 경우 • 시험 중 시설·장비의 조작 또는 재료의 취급이 미숙하여 위해를 일으킬 것으로 감독위원 전원이 합의하여 판단한 경우

 지급재료목록 자격 종목 제빵 기능사

일련번호	재료명	규격	단위	수량	비고
1	밀가루	강력분	g	1320	1인용
2	설탕	정백당	g	70	1인용
3	소금	정제염	g	30	1인용
4	식용유	대두유	ml	50	1인용
5	이스트	생이스트	g	55	1인용
6	제빵개량제	제빵용	g	30	1인용
7	쇼트닝	제과제빵용	g	55	1인용
8	탈지분유	제과제빵용	g	45	1인용
9	얼음	식용	g	200	1인용 (겨울철 제외)
10	위생지	식품용(8절지)	장	10	1인용
11	제품상자	제품포장용	개	1	5인 공용

과정

1. 믹싱볼에 쇼트닝을 제외한 모든 재료를 넣고 저속으로 믹싱한다.

2. 클린업 단계에서 쇼트닝을 넣는다.

3. 발전단계 진행 중

4. 반죽이 완료가 되어가면 믹서기 볼이 깨끗하게 된다.

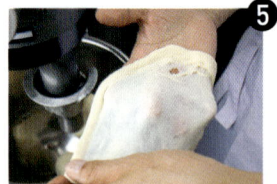
5. 최종단계 120%(최종단계에서 약 20% 정도 더 믹싱한다)로 완료 후 반죽온도 30℃로 맞춘다.(오차 ±1 만점)
   TIP 비상스트레이트법은 믹싱 시간을 20~25%, 최종반죽의 온도는 30℃이다.)

6. 반죽이 완료되면 믹싱볼에서 꺼내어 표면을 매끄럽게 둥글리기 하여 발효통 스텐볼 또는 플라스틱 사각통에 넣은 후 비닐을 덮어 발효실에 넣는다.

7. 1차 발효(온도 27℃, 습도 75~80%)를 30분간 시킨다.

8. 전자저울을 사용하여 170g씩 정확하게 계량하기

9. 최소한의 덧가루를 사용하여 분할하고 둥글리기를 한다. 둥글리기 완료된 반죽을 적절한 간격을 유지하며 나무판에 열을 맞추어 정렬한다. 반죽의 표피가 마르지 않도록 비닐을 덮어 중간발효 시킨다(10~15분).

성형과정

10. 중간 발효 후에는 분할 순서대로 성형을 한다.

11. 밀대를 이용하여 가스를 빼고 일정한 두께로 밀어 편다. 이때 과도한 덧가루는 털어낸다.

12. 밀어 편 반죽을 사진과 같이 세로로 접어준다.

13.

14. 접은 반죽을 긴 방향으로 단단하게 말아주어 균형있는 모양으로 만들어 봉합해 준다.

⑮ 팬은 1차 발효가 진행되는 동안에 팬을 깨끗이 닦아서 준비한 후에 성형이 완성되면 반죽을 3개씩 4개를 만들어 넣는다.
가볍게 눌러준 후에 2차 발효를 발효실에서 진행한다.

⑯ 2차 발효의 온도는 35~38℃, 습도 85~90%의 상태에서 식빵 틀 보다 0.5~1.5cm 정도로 높게 발효한다.

Tip

[제품평가]

❶ 부피는 빵의 내부 특성에도 중요한 영향을 주므로 분할 무게와 팬 용적에 알맞고 균일해야 한다.

❷ 완성품이 찌그러지지 않아야 한다.

❸ 식빵의 정형인 산(山)모양이 일정해야 한다.

❹ 껍질의 두께가 비교적 얇고 껍질의 색을 황금갈색으로 균일해야 하며, 바닥과 옆면에도 색이 나야 한다.

❺ 균일한 기공을 가지며 부드럽고 탄력성이 좋은 조직을 가지고 있어야 한다.

❻ 끈적거림이나 생 재료, 설익은 반죽 맛 등이 나지 않아야 한다.

[굽기관리]

- 오븐온도 윗불 170℃, 아랫불 185℃에서 30~35분 정도 굽는다.
- 오븐 내의 온도 편차로 앞 뒤의 색이 다를 수 있으므로 팬의 위치를 바꾸어 준다.
- 오븐에서 꺼낸 후 바로 틀에서 빵을 빼고 냉각팬에 넣고 식힌 후에 실기 시험장에서는 식빵 4개를 함께 제출한다.

[굽기상태]

❶ 전체가 잘 익어야 한다.

❷ 바닥과 옆면에도 적절한 색상이 나야 한다. 이유는 옆면의 색상이 나지 않을 경우 주저앉을 수 있다.

POINT 비상스트레이트법의 필수 조치사항과 선택적 조치사항

- **필수조치사항**

1. 반죽시간을 20~25%로 증가시킨다.
   스트레이트법으로 믹싱을 최종단계 100%였다면 비상스트레이법으로 할 경우 120%가 된다.
2. 믹싱종료 후의 반죽온도는 30℃.
3. 1차 발효시간의 단축으로 15~30분으로 발효를 시킨다.
4. 이스트의 사용량을 25~50% 증가하면 발효의 속도가 증가한다.
5. 설탕을 1% 감소하여 껍질색을 조절한다.
6. 물 1% 감소로 반죽의 되기를 조절한다.

- **선택적 조치사항**

1. 소금을 1.75%로 감소시켜 발효속도를 증가시킨다.
2. 분유를 감소하면 완충작용에 의한 발효속도가 늦어짐을 감안한다.
3. 이스트푸드를 증가시킨다.
4. 식초를 0.25~0.75% 사용하여 pH를 내린다.

BAKING BREAD

시험시간 4시간

쌀식빵

요구사항 ≫ 쌀식빵을 제조하여 제출하시오.

1. 배합표의 각 재료를 계량하여 재료별로 진열하시오 (9분).
2. 반죽은 스트레이트법으로 제조하시오.
   (단, 유지는 클린업 단계에서 첨가하시오.)
3. 반죽온도는 27℃를 표준으로 하시오.
4. 분할무게는 198g씩으로 하고, 제시된 팬의 용량을 감안하여 결정하시오.
   (단, 분할무게 × 3을 1개의 식빵으로 함)
5. 반죽은 전량을 사용하여 성형하시오.

❖ 배합표

재료명	비율(%)	무게(g)
강력분	70	910
쌀가루	30	390
물	63	819
이스트	3	39
소금	1.8	23.4(24)
설탕	7	91
쇼트닝	5	65
탈지분유	4	52
제빵개량제	2	26
계	185.8	2,415.4(2416)

수험자 유의사항

1. 항목별 배점은 제조공정 60점, 제품평가 40점입니다.
2. 시험시간은 재료계량시간이 포함된 시간입니다.
3. 안전사고가 없도록 유의합니다.
4. 의문 사항이 있으면 감독위원에게 문의하고, 감독위원의 지시에 따릅니다.
5. 다음과 같은 경우에는 채점대상에서 제외됩니다.

미완성	• 시험시간 내에 작품을 제출하지 못한 경우
기권	• 수험자 본인이 수험 도중 기권한 경우
실격	• 작품의 가치가 없을 정도로 타거나 익지 않은 경우 • 주요 요구사항(수량, 모양, 반죽제조법)을 준수하지 않았을 경우 • 지급된 재료 이외의 재료를 사용한 경우 • 시험 중 시설·장비의 조작 또는 재료의 취급이 미숙하여 위해를 일으킬 것으로 감독위원 전원이 합의하여 판단한 경우

지급재료목록 자격 종목: 제빵 기능사

일련번호	재료명	규격	단위	수량	비고
1	밀가루	강력분	g	1,000	1인용
2	쌀가루	건식	g	430	1인용
3	설탕	정백당	g	100	1인용
4	쇼트닝	제과제빵용	g	72	1인용
5	소금	정제염	g	26	1인용
6	탈지분유	제과제빵용	g	60	1인용
7	이스트	저당용	g	43	1인용
8	제빵개량제	제빵용	g	29	1인용
9	식용유	대두유	mL	50	1인용
10	위생지	식품용(8절지)	장	10	1인용
11	제품상자	제품포장용	개	1	5인 공용
12	얼음	식용	g	200	1인용

과정

① 믹싱볼에 쇼트닝을 제외한 모든 재료를 넣고 저속으로 믹싱한다.

② 클린업 단계에서 쇼트닝을 넣는다.

③ 발전단계 진행 중

④ 반죽이 완료되어가면 믹서기볼이 깨끗하게 된다.

⑤ 최종단계가 될 때까지 반죽한다.

⑥ 최종단계가 되면 반죽을 떼어 펴 보아 확인한다.

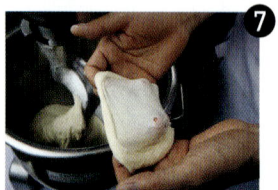
⑦ 최종단계 90%에서 믹싱을 완료한다(반죽온도 27℃).

⑧ 반죽이 완료되면 믹싱볼에서 꺼내어 표면을 매끄럽게 둥글리기 하여 발효통(스텐 볼 또는 플라스틱 사각통)에 넣는다.

⑨ 비닐을 씌워 발효실에 넣는다.

⑩ 1차 발효(온도 27℃, 습도 75~80%)를 60~80분간 시킨다.

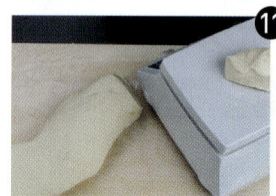
⑪ 반죽의 분할 무게는 198g×3이 1개가 되도록 한다.

⑫ 분할된 반죽은 다음 공정을 쉽게 할 수 있도록 일정한 모양으로 둥글리기를 한 후에 나무 판 위에서 15~20분간 반죽의 표피가 마르지 않도록 비닐을 덮어 중간발효를 진행한다.
중간 발효 후에는 분할 순서대로 정형을 한다.

⑬ 밀대를 이용하여 가스를 뺀다.

⑭ 일정한 두께로 밀어편다. 과도한 덧가루는 털어낸다.

⑮ 손바닥 길이만큼 밀어편다.

⑯ 접은 후 손으로 눌러준다.

⑰ 일정한 힘으로 단단하게 말아준 후 균형있는 모양으로 만들어 봉합한다.

⑱ 팬은 1차 발효가 진행되는 동안에 깨끗이 닦아서 준비한 후에 정형이 완성 되면 반죽을 3개씩 4개를 패닝한다.

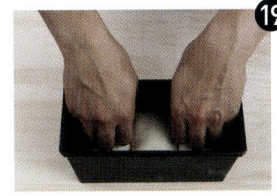
⑲ 가볍게 눌러준 후에 2차 발효를 발효실에서 진행한다. 2차 발효의 온도는 35~38℃, 습도 85~90%, 50~60분 간 발효를 한다(시간보다 발효상태를 확인한다).

⑳ 식빵 틀 보다 0.5~1.5cm 정도로 높게 발효한다.

Tip

[제품평가]

❶ 부피는 빵의 내부 특성에도 중요한 영향을 주므로 분할 무게와 팬 용적에 알맞고 균일해야 한다.
❷ 완성품이 찌그러지지 않고 균일한 모양과 균형이 잘 잡혀야 한다.
❸ 껍질의 두께가 비교적 얇고 껍질의 색을 황금갈색으로 균일해야 하며, 바닥과 옆면에도 색이 나야 한다.
❹ 기공과 조직이 고르며 부드러워야 하며 밝은 색으로 줄무늬 등이 없어야 한다.
❺ 끈적거림이 없어야 하고 식감이 부드럽고, 발효향이 온화해야 하고 쌀의 독특한 향과 맛이 어우러져야 한다.

[굽기관리]

• 오븐온도 윗불 180℃, 아랫불 200℃에서 35~40분 정도 굽는다.
• 오븐 내의 온도 편차로 앞 뒤의 색이 다를 수 있으므로 팬의 위치를 바꾸어 준다.
• 오븐에서 꺼낸 후에는 바로 틀에서 빵을 빼고 냉각 판에 넣고 식힌다.

[굽기상태]

❶ 전체가 잘 익어야 한다.
❷ 바닥과 옆면에도 적절한 색상이 나야 한다. 이유는 옆면의 색상이 나지 않을 경우 주저앉을 수 있다.

BAKING BREAD

시험시간 **4**시간

옥수수식빵

 요구사항 ≫ 옥수수식빵을 제조하여 제출하시오.

❶ 배합표의 각 재료를 계량하여 재료별로 진열하시오 (10분).
❷ 반죽은 스트레이트법으로 제조하시오.
  (단, 유지는 클린업 단계에서 첨가 하시오.)
❸ 반죽 온도는 27℃를 표준으로 하시오.
❹ 표준분할무게는 180g으로 하고, 제시된 팬의 용량을 감안하여 결정하시오.
  (단, 분할무게×3을 1개의 식빵으로 함)
❺ 반죽은 전량을 사용하여 성형하시오.

❖ **배합표**

재료명	비율(%)	무게(g)
강력분	80	1040
옥수수분말	20	260
물	60	780
이스트	2.5	32.5(33)
제빵개량제	1	13
소금	2	26
설탕	8	104
쇼트닝	7	91
탈지분유	3	39
달걀	5	65
계	188.5	2,450.5(2451)

 수험자 유의사항

❶ 항목별 배점은 제조공정 60점, 제품평가 40점입니다.
❷ 시험시간은 재료계량시간이 포함된 시간입니다.
❸ 안전사고가 없도록 유의합니다.
❹ 의문 사항이 있으면 감독위원에게 문의하고, 감독위원의 지시에 따릅니다.
❺ 다음과 같은 경우에는 채점대상에서 제외됩니다.

미완성	• 시험시간 내에 작품을 제출하지 못한 경우
기권	• 수험자 본인이 수험 도중 기권한 경우
실격	• 작품의 가치가 없을 정도로 타거나 익지 않은 경우 • 주요 요구사항(수량, 모양, 반죽제조법)을 준수하지 않았을 경우 • 지급된 재료 이외의 재료를 사용한 경우 • 시험 중 시설·장비의 조작 또는 재료의 취급이 미숙하여 위해를 일으킬 것으로 감독위원 전원이 합의하여 판단한 경우

 지급재료목록 자격 종목 제빵 기능사

일련번호	재료명	규격	단위	수량	비고
1	밀가루	강력분	g	1140	1인용
2	옥수수분말	제과제빵용(알파)	g	286	1인용
3	이스트	생이스트	g	36	1인용
4	제빵개량제	제빵용	g	15	1인용
5	소금	정제염	g	29	1인용
6	설탕	정백당	g	114	1인용
7	쇼트닝	제과제빵용	g	100	1인용
8	탈지분유	제과제빵용	g	43	1인용
9	달걀	60g(껍질포함)	개	2	1인용
10	식용유	대두유	ml	50	1인용
11	얼음	식용	g	200	1인용 (겨울철 제외)
12	위생지	식품용(8절지)	장	10	1인용
13	제품상자	제품포장용	개	1	5인 공용

과정들

① 믹싱볼에 쇼트닝을 제외한 모든 재료를 넣고 저속으로 믹싱한다.

② 클린업 단계에서 쇼트닝을 넣는다.

③ 발전단계 중

④ 반죽이 완성이 되어가면 믹서기볼이 깨끗하게 된다.

⑤ 최종단계의 반죽이 될 때까지 반죽한다.

⑥ 최종단계가 되면 반죽을 떼어 펴 본다.

⑦ 얇은 막이 형성되도록 천천히 펴 확인한다.

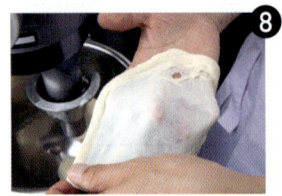
⑧ 믹싱의 완료는 90%로 최종단계 전까지 믹싱한다.

⑨ 믹싱이 종료되면 반죽을 둥글게 하여 스텐볼 혹은 플라스틱 반죽 통 안에 넣는다. 반죽의 최종온도는 27℃이다. 1차발효는 온도 27℃ 전후, 상대습도 75~80% 조건에서 70~80분간 발효시킨다(시간보다는 상태로 판단한다).

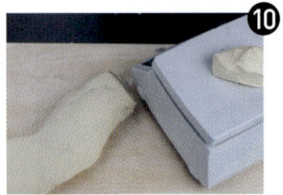
⑩ 반죽의 분할 무게는 180g 되도록 한다.

⑪ 분할된 반죽은 다음 공정을 쉽게 할 수 있도록 일정한 모양으로 둥글리기를 한 후에 나무 판 위에서 15~20분간 반죽의 표피가 마르지 않도록 비닐을 덮어 중간발효를 진행한다.
중간 발효 후에는 분할 순서대로 정형을 한다.

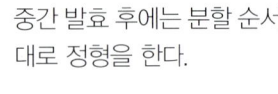
⑫ 성형을 한다(최소한의 덧가루 사용).

⑬ 밀대를 이용하여 가스를 빼고 일정한 두께로 밀어 편다. 과도한 덧가루는 털어낸다.

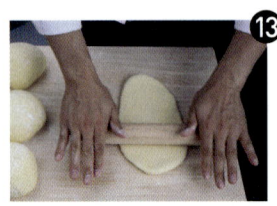
⑭ 밀어 편 반죽을 팬에 넣기 전에 모양과 길이를 맞추며 이음매를 단단하게 봉합하고 모양을 균형 있게 한다.

⑮ 팬은 1차 발효가 진행되는 동안에 팬을 깨끗이 닦아서 준비한 후에 성형이 완성되면 반죽을 3개씩 4개를 패닝한다.

⑰ 식빵 틀 보다 0.5~1.5cm 정도로 높게 발효한다.

⑯ 팬 안의 성형 반죽을 가볍게 눌러준 후에 2차 발효를 진행한다. 2차 발효(온도 35~40℃, 습도 85~90%)를 50~60분간 시킨다(시간보다 발효상태를 확인한다).

Tip

[제품평가]

❶ 부피는 빵의 내부 특성에도 중요한 영향을 주므로 분할 무게와 팬 용적에 알맞고 균일해야 한다.
❷ 완성품이 찌그러지지 않고 균일한 모양과 균형이 잘 잡혀야 한다.
❸ 껍질의 두께가 비교적 얇고 껍질의 색을 황금갈색으로 균일해야 하며, 바닥과 옆면에도 색이 나야 한다.
❹ 기공과 조직이 고르며 부드러워야 하며 옥수수 색상이 없게 나타나고 밝은 색의 줄무늬 등이 없어야 한다.
❺ 끈적거림이 없어야 하고 식감이 부드럽고 발효향이 온화해야 하며 옥수수의 구수한 맛과 향이 어우러져야 한다.

[굽기관리]

- 오븐온도 윗불 170℃, 아랫불 200℃에서 35~40분 정도 굽는다.
- 오븐 내의 온도 편차로 앞 뒤의 색이 다를 수 있으므로 팬의 위치를 바꾸어 준다.
- 오븐에서 꺼낸 후에는 바로 틀에서 빵을 빼고 냉각 판에 넣고 식힌다.

[굽기상태]

❶ 전체가 잘 익어야 한다.
❷ 바닥과 옆면에도 적절한 색상이 나야 한다. 이유는 옆면의 색상이 나지 않을 경우 주저앉을 수 있다.

BAKING BREAD

시험시간 **4**시간

우유식빵

요구사항 ≫ 우유식빵을 제조하여 제출하시오.

① 배합표의 각 재료를 계량하여 재료별로 진열하시오 (7분).
② 반죽은 스트레이트법으로 제조하시오.
(단, 유지는 클린업 단계에 첨가하시오.)
③ 반죽 온도는 27℃를 표준으로 하시오.
④ 표준분할무게는 180g으로 하고, 제시된 팬의 용량을 감안하여 결정하시오.
(단, 분할무게×3을 1개의 식빵으로 함)
⑤ 반죽은 전량을 사용하여 성형하시오.

❖ 배합표

재료명	비율(%)	무게(g)
강력분	100	1200
우유	72	864
이스트	3	36
제빵개량제	1	12
소금	2	24
설탕	5	60
쇼트닝	4	48
계	187	2,244

수험자 유의사항

① 항목별 배점은 제조공정 60점, 제품평가 40점입니다.
② 시험시간은 재료계량시간이 포함된 시간입니다.
③ 안전사고가 없도록 유의합니다.
④ 의문 사항이 있으면 감독위원에게 문의하고, 감독위원의 지시에 따릅니다.
⑤ 다음과 같은 경우에는 채점대상에서 제외됩니다.

미완성	• 시험시간 내에 작품을 제출하지 못한 경우
기권	• 수험자 본인이 수험 도중 기권한 경우
실격	• 작품의 가치가 없을 정도로 타거나 익지 않은 경우 • 주요 요구사항(수량, 모양, 반죽제조법)을 준수하지 않았을 경우 • 지급된 재료 이외의 재료를 사용한 경우 • 시험 중 시설·장비의 조작 또는 재료의 취급이 미숙하여 위해를 일으킬 것으로 감독위원 전원이 합의하여 판단한 경우

지급재료목록 자격 종목 제빵 기능사

일련번호	재료명	규격	단위	수량	비고
1	밀가루	강력분	g	1320	1인용
2	쇼트닝	제과제빵용	g	53	1인용
3	설탕	정백당	g	66	1인용
4	소금	정제염	g	26	1인용
5	이스트	생이스트	g	40	1인용
6	제빵개량제	제빵용	g	15	1인용
7	우유	시유	ml	900	1인용
8	식용유	대두유	ml	50	1인용
9	얼음	식용	g	200	1인용(겨울철 제외)
10	위생지	식품용(8절지)	장	10	1인용
11	제품상자	제품포장용	개	1	5인 공용

과정

① 믹싱볼에 쇼트닝을 제외한 모든 재료를 넣고 저속으로 믹싱한다.

② 클린업 단계에서 쇼트닝을 넣는다.

③ 발전단계 진행 중

④ 반죽이 완성이 되어가면 믹서기볼이 깨끗하게 된다.

⑤ 최종단계가 될 때까지 반죽한다.

⑥ 반죽을 떼어 펴 본다.

⑦ 얇은 막이 형성되도록 천천히 펴 본다.

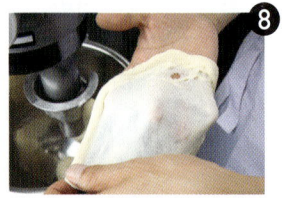
⑧ 최종단계 100%, 반죽온도 27℃

⑨ 반죽이 완료되면 믹싱볼에서 꺼내어 표면을 매끄럽게 둥글리기한다.

⑩ 발효통(스텐볼 또는 플라스틱 사각통)에 넣은 후 비닐을 덮어 발효실에 넣는다.

⑪ 1차 발효(온도 27℃, 습도 75~80%)를 80~90분간 시킨다.

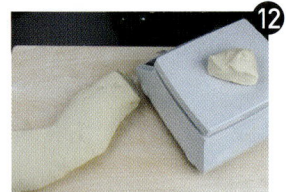
⑫ 반죽의 분할 무게는 180g×3이 1개가 되도록 한다.

⑬ 분할된 반죽은 다음 공정을 쉽게 할 수 있도록 일정한 모양으로 둥글리기를 한 후에 나무 판 위에서 15~20분간 반죽의 표피가 마르지 않도록 비닐을 덮어 중간발효를 진행한다.
중간 발효 후에는 분할 순서대로 정형을 한다.

⑭ 성형을 한다. 밀대를 이용하여 가스를 빼고 일정한 두께로 밀어 편다. 이때 과도한 덧가루는 털어낸다. 밀어 편 반죽을 팬에 넣기 전에 모양과 길이를 맞추며 이음매를 단단하게 봉합하고 모양을 균형있게 한다.

⑮

⑯ 손바닥을 기준으로 하여 일정한 크기로 민다.

⑰ 반죽의 양쪽을 접어준다.

⑱ 이음선이 바닥으로 가게 한다.

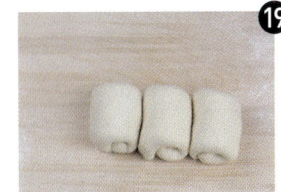
⑲ 팬은 1차 발효가 진행되는 동안에 팬을 깨끗이 닦아서 준비한 후에 정형이 완성 되면 반죽을 3개씩 4개를 패닝한다.

⑳ 가볍게 눌러준 후에 2차 발효를 발효실에서 진행한다. 2차 발효(온도 35~38℃, 습도 85~90%)를 45~50분간 시킨다(시간보다 발효상태를 확인한다).

㉑ 식빵 틀 보다 1~2cm 정도로 높게 발효한다.

Tip

[제품평가]

❶ 부피는 빵의 내부 특성에도 중요한 영향을 주므로 분할 무게와 팬 용적에 알맞고 균일해야 한다.

❷ 완성품이 찌그러지지 않고 균일한 모양과 균형이 잘 잡혀야 한다.

❸ 껍질의 두께가 비교적 얇고 껍질의 색을 황금갈색으로 균일해야 하며, 바닥과 옆면에도 색이 나야 한다.

❹ 우유식빵의 내상의 기공과 조직이 부위별로 부드러워야 하고 한다.

❺ 우유식빵은 식감이 부드럽고 발효향이 좋으며, 끈적거림이나 생 재료의 맛과 탄 냄새 등이 없어야 한다.

[굽기관리]

- 윗불 180℃, 아랫불 200℃에서 30~35분 정도 굽는다.
- 오븐 내의 온도 편차로 앞 뒤의 색이 다를 수 있으므로 팬의 위치를 바꾸어 준다.
- 오븐에서 꺼낸 후에는 바로 틀에서 빵을 빼고 냉각 팬에 넣고 식힌다.

[굽기상태]

❶ 전체가 잘 익어야 한다.

❷ 바닥과 옆면에도 적절한 색상이 나야 한다. 이유는 옆면의 색상이 나지 않을 경우 주저앉을 수 있다.

BAKING BREAD

시험시간 4시간

단과자빵
(크림빵)

요구사항 ≫ 단과자빵(크림빵)을 제조하여 제출하시오.

① 배합표의 각 재료를 계량하여 재료별로 진열하시오 (9분).
② 반죽은 스트레이트법으로 제조하시오.
   (단, 유지는 클린업 단계에 첨가하시오.)
③ 반죽 온도는 27℃를 표준으로 하시오.
④ 반죽 1개의 분할무게는 45g, 1개당 크림 사용량은 30g으로 제조하시오.
⑤ 제품 중 20개는 크림을 넣은 후 굽고, 나머지는 반달형으로 크림을 충전하지 말고 제조하시오.
⑥ 반죽은 전량을 사용하여 성형하시오.

❖ 배합표

재료명	비율(%)	무게(g)
강력분	100	1100
물	53	583
이스트	4	44
제빵개량제	2	22
소금	2	22
설탕	16	176
쇼트닝	12	132
분유	2	22
달걀	10	110
계	201	2,211

※ 충전용 토핑용 재료는 계량시간에서 제외

| 커스터드 크림 | 65 | 715 |

 수험자 유의사항

① 항목별 배점은 제조공정 60점, 제품평가 40점입니다.
② 시험시간은 재료계량시간이 포함된 시간입니다.
③ 안전사고가 없도록 유의합니다.
④ 의문 사항이 있으면 감독위원에게 문의하고, 감독위원의 지시에 따릅니다.
⑤ 다음과 같은 경우에는 채점대상에서 제외됩니다.

미완성	• 시험시간 내에 작품을 제출하지 못한 경우
기권	• 수험자 본인이 수험 도중 기권한 경우
실격	• 작품의 가치가 없을 정도로 타거나 익지 않은 경우 • 주요 요구사항(수량, 모양, 반죽제조법)을 준수하지 않았을 경우 • 지급된 재료 이외의 재료를 사용한 경우 • 시험 중 시설·장비의 조작 또는 재료의 취급이 미숙하여 위해를 일으킬 것으로 감독위원 전원이 합의하여 판단한 경우

지급재료목록 [자격 종목] [제빵 기능사]

일련번호	재료명	규격	단위	수량	비고
1	밀가루	강력분	g	1210	1인용
2	설탕	정백당	g	194	1인용
3	쇼트닝	제과제빵용	g	145	1인용
4	소금	정제염	g	24	1인용
5	이스트	생이스트	g	48	1인용
6	제빵개량제	제빵용	g	25	1인용
7	탈지분유	제과제빵용	g	24	1인용
8	달걀	60g(껍질포함)	개	4	1인용
9	커스터드 크림	커스터드 파우더로 제조한 것	g	750	1인용
10	식용유	대두유	ml	50	1인용
11	얼음	식용	g	200	1인용 (겨울철 제외)
12	위생지	식품용(8절지)	장	10	1인용
13	제품상자	제품포장용	개	1	5인 공용

과정

① 믹싱볼에 마가린을 제외한 모든 재료를 넣고 저속으로 믹싱한다.

② 클린업 단계에서 마가린을 넣는다.

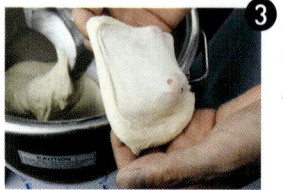
③ 최종단계(100%)까지 믹싱하고 반죽온도를 27℃로 맞추기(오차 ±1 만점)

④ 1차 발효(온도 27℃, 습도 75~80%)를 60분간 시킨다. 표면을 매끄럽게 둥글리기 하여 발효통(스텐볼 또는 플라스틱 사각통)에 넣은 후 비닐을 덮어 발효시킨다.

⑤ 1차 발효가 완료된 반죽의 폭을 5~7cm 넓이로 길게 자른 후 전자저울을 사용하여 45g씩 정확하게 계량하기

⑥ 최소한의 덧가루를 사용하여 분할하여 둥글리기를 한다.

⑦ 표면이 매끄러워지도록 둥글리기 한다.

⑧ 둥글리기가 완료된 반죽을 적절한 간격을 유지하여 나무판에 열을 맞추어 정렬한다.

⑨ 비닐이나 젖은 면포를 덮어 중간 발효시킨다(10~15분간).

⑩ 중간 발효된 반죽(45g)을 가볍게 타원형으로 만들면서 미리 10cm 길이로 밀어 준다.

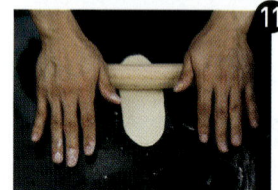
⑪ 약간의 시간 후 제품을 만들기 위해 약 15cm의 긴 타원형으로 만든다.

TIP 제품 중 20개는 크림을 넣어 굽고, 나머지는 크림충전을 하지 않고 반달형으로 만든다.

Ⓐ 크림넣고 굽기

A-1 중간 발효된 반죽을 밀대를 이용하여 큰 가스를 빼며 15cm 정도의 타원형으로 되도록 밀어주면서 만들어 놓는다.

A-2 반죽의 가장자리에 물칠을 한다.

A-3 밀어편 반죽의 1/2지점 안쪽에 크림 30g을 올린 후 절반을 접어 물칠한 부분이 서로 겹쳐 눌러 붙여준다.

A-4 반죽을 접어 올려 끝부분을 잘 붙혀준다.

A-5 스크레이퍼 끝으로 눌러 칼집을 내준다(보통 5개의 칼집, 1.5cm 정도 깊이로 잘라 준다). 철판에 10개씩 일정한 간격으로 패닝하여 2차 발효(온도 35~38℃, 습도 85%)를 30분 정도한다.

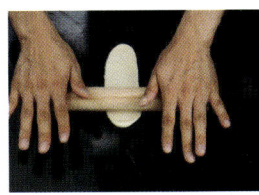

❸ 크림을 넣지 않는 반달

B-1 같은 방법으로 밀어 편다.

B-2 15cm 정도의 타원형으로 밀어 위로 1/3 정도만 기름칠을 한다.

B-3 반으로 접어 반달모양으로 접어 12개씩 일정한 간격으로 패닝하여 2차 발효(온도 35~38℃, 습도 85%)를 30분 정도 한다.

⓬ 윗불 190℃, 아랫불 160℃에서 12~15분 정도 굽는다(중간에 철판 돌려주기). 오븐의 위치에 따라 색이 달라지므로 중간에 한번 위치를 바꿔주어 골고루 색이 나도록 한다.

POINT

1. 최종단계의 반죽은 손가락의 지문이 보일 정도의 얇은 막이 형성되어야 한다.
2. 밀어펴기 할 때에 최소한의 덧가루를 사용하여야 한다.
3. 크림을 충전하는 반죽에 30g의 크림을 충전하고 겉을 눌러 붙여준다.
4. 크림을 충전하지 않는 반죽은 1/3 지점만 식용유를 발라준 뒤 포개어 성형한다.
5. 오븐은 중간에 한번 돌려주어 골고루 색이 균일하게 나도록 한다.

BAKING BREAD

시험시간 **4**시간

단과자빵
(트위스트형)

 요구사항 >>> 단과자빵(트위스트형)을 제조하여 제출하시오.

❶ 배합표의 각 재료를 계량하여 재료별로 진열하시오. (9분).
❷ 반죽은 스트레이트법으로 제조하시오.
  (단, 유지는 클린업 단계에 첨가하시오.)
❸ 반죽 온도는 27℃를 표준으로 하시오.
❹ 반죽분할 무게는 50g이 되도록 하시오.
❺ 모양은 8자형, 달팽이형, 더블8자형 중 감독위원이 요구하는 2가지 모양으로 만드시오.
❻ 반죽은 전량을 사용하여 성형하시오.

❖ **배합표**

재료명	비율(%)	무게(g)
강력분	100	1200
물	47	564
이스트	4	48
제빵개량제	1	12
소금	2	24
설탕	12	144
쇼트닝	10	120
분유	3	36
달걀	20	240
계	199	2,388

 수험자 유의사항

❶ 항목별 배점은 제조공정 60점, 제품평가 40점입니다.
❷ 시험시간은 재료계량시간이 포함된 시간입니다.
❸ 안전사고가 없도록 유의합니다.
❹ 의문 사항이 있으면 감독위원에게 문의하고, 감독위원의 지시에 따릅니다.
❺ 다음과 같은 경우에는 채점대상에서 제외됩니다.

미완성	• 시험시간 내에 작품을 제출하지 못한 경우
기권	• 수험자 본인이 수험 도중 기권한 경우
실격	• 작품의 가치가 없을 정도로 타거나 익지 않은 경우 • 주요 요구사항(수량, 모양, 반죽제조법)을 준수하지 않았을 경우 • 지급된 재료 이외의 재료를 사용한 경우 • 시험 중 시설·장비의 조작 또는 재료의 취급이 미숙하여 위해를 일으킬 것으로 감독위원 전원이 합의하여 판단한 경우

지급재료목록 자격 종목 제빵 기능사

일련번호	재료명	규격	단위	수량	비고
1	밀가루	강력분	g	1320	1인용
2	설탕	정백당	g	158	1인용
3	쇼트닝	제과제빵용	g	132	1인용
4	소금	정제염	g	27	1인용
5	이스트	생이스트	g	53	1인용
6	제빵개량제	제빵용	g	15	1인용
7	탈지분유	제과제빵용	g	40	1인용
8	달걀	60g (껍질포함)	개	6	1인용
9	식용유	대두유	ml	50	1인용
10	얼음	식용	g	200	1인용 (겨울철 제외)
11	위생지	식품용 (8절지)	장	10	1인용
12	제품상자	제품포장용	개	1	5인 공용

과정

1. 믹싱볼에 마가린을 제외한 모든 재료를 넣고 저속으로 믹싱한다.

2. 클린업 단계에서 마가린을 넣는다.

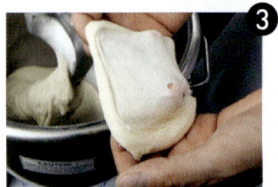
3. 최종단계(100%)까지 믹싱하고 반죽온도를 27℃로 맞추기(오차 ±1 만점)

4. 1차 발효(온도 27℃, 습도 75~80%)를 60분간 시킨다. 표면을 매끄럽게 둥글리기 하여 발효통(스텐볼 또는 플라스틱 사각통)에 넣은 후 비닐을 덮어 발효시킨다.

5. 1차 발효가 완료된 반죽을 50g씩 정확하고 빠르게 계량한다.

6. 최소한의 덧가루를 사용하여 분할하여 둥글리기를 한다.

7. 표면이 매끄러워지도록 둥글리기 한다.

8. 둥글리기가 완료된 반죽을 적절한 간격을 유지하여 나무판에 열을 맞추어 정렬한다.

9. 비닐이나 젖은 면포를 덮어 중간 발효시킨다(10~15분간).

10. 중간 발효된 반죽(50g)을 가볍게 밀어주면서 미리 10cm 정도 일자형으로 만들어 놓는다.

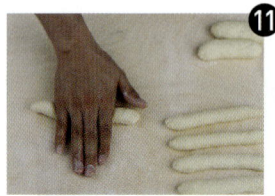
11. 좀 더 작업하기 좋게 반죽의 길이를 조금씩 늘려 가면서 만들면 좋다.

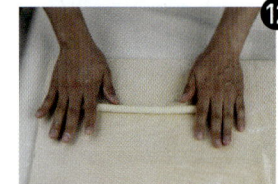
12. 가운데부터 밀어 준 후 가늘어지면 바깥쪽으로 밀면서 지시된 길이로 밀어편다. 8자 말기(25cm), 2중 8자 말기(35~40cm 정도), 달팽이형 말기(30cm)

13. 8자 꼬기(약25cm)

14. 2중 8자형(35~40cm 정도)을 사진과 같이 만든다.

15. 달팽이형 말기(30cm) 중 2가지를 제시한다.

16. 끝부분은 반죽 밑으로 꼬집어 떨어지지 않도록 붙인다.

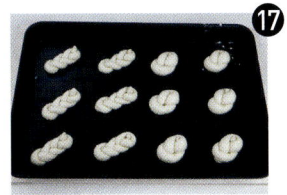 ❶⓻ 같은 종류끼리 나누어 12개씩 패닝하여 2차 발효(온도 35~38℃, 습도 85%)를 30분 정도한다.

 ❶⓼ 윗면에 달걀물을 바르고 윗불 190℃, 아랫불 160℃에서 12~15분 정도 굽는다(중간에 철판 돌려주기). 오븐의 위치에 따라 색이 달라지므로 중간에 한번 위치를 바꿔주어 골고루 색이 나도록 한다.

POINT

1. 단과자 반죽온도는 27±1이며 여름철에는 얼음물을 사용하고, 겨울철에는 온수를 사용하여야 한다.
2. 중간발효는 보통 10~15분 가량인데 개수가 많은 단과자빵은 순서대로 진열하며 둥글리기를 하여 빠르게 마무리를 하도록 한다. 처음에 둥글리기 작업이 끝난 반죽이 15분가량 지났다면 바로 제품을 성형해야 작업시간 내에 제출할 수 있다.
3. 성형할 때에는 덧가루 사용을 최소화하고 제품별 늘여펴는 길이가 일정하게 만들 수 있어야 제품도 균일하게 나올 수 있다.
4. 지시에 따라 성형한 제품은 한 팬에 모아 한꺼번에 성형을 하도록 한다(완제품의 크기의 균일함을 위함).
5. 성형 모양은 감독관의 지시에 철저히 따르도록 한다.
6. 윗불 190℃, 아랫불 160℃에서 12~15분 굽는다. 오븐의 위치에 따라 색이 달라지므로 중간(6분정도)에 한번 위치를 바꿔주어 골고루 색이 나도록 한다.

BAKING BREAD

시험시간 **4**시간

풀만식빵

 요구사항 ≫ 풀만식빵을 제조하여 제출하시오.

❶ 배합표의 각 재료를 계량하여 재료별로 진열하시오 (9분).
❷ 반죽은 스트레이트법으로 제조하시오.
 (단, 유지는 클린업 단계에 첨가하시오.)
❸ 반죽 온도는 27℃를 표준으로 하시오.
❹ 표준분할 무게는 250g으로 하고, 제시된 팬의 용량을 감안하여 결정하시오.
 (단, 분할무게×2를 1개의 식빵으로 함)
❺ 반죽은 전량을 사용하여 성형하시오.

❖ **배합표**

재료명	비율(%)	무게(g)
강력분	100	1400
물	58	812
이스트	3	42
제빵개량제	1	14
소금	2	28
설탕	6	84
쇼트닝	4	56
달걀	5	70
분유	3	42
계	182	2,548

 수험자 유의사항

❶ 항목별 배점은 제조공정 60점, 제품평가 40점입니다.
❷ 시험시간은 재료계량시간이 포함된 시간입니다.
❸ 안전사고가 없도록 유의합니다.
❹ 의문 사항이 있으면 감독위원에게 문의하고, 감독위원의 지시에 따릅니다.
❺ 다음과 같은 경우에는 채점대상에서 제외됩니다.

미완성	• 시험시간 내에 작품을 제출하지 못한 경우
기권	• 수험자 본인이 수험 도중 기권한 경우
실격	• 작품의 가치가 없을 정도로 타거나 익지 않은 경우 • 주요 요구사항(수량, 모양, 반죽제조법)을 준수하지 않았을 경우 • 지급된 재료 이외의 재료를 사용한 경우 • 시험 중 시설·장비의 조작 또는 재료의 취급이 미숙하여 위해를 일으킬 것으로 감독위원 전원이 합의하여 판단한 경우

 지급재료목록 자격 종목 제빵 기능사

일련번호	재료명	규격	단위	수량	비고
1	밀가루	강력분	g	1540	1인용
2	설탕	정백당	g	92	1인용
3	쇼트닝	제과(빵)용	g	62	1인용
4	소금	정제염	g	31	1인용
5	이스트	생이스트	g	46	1인용
6	제빵개량제	제빵용	g	15	1인용
7	탈지분유	제과제빵용	g	46	1인용
8	달걀	60g (껍질포함)	개	2	1인용
9	식용유	대두유	ml	50	1인용
10	얼음	식용	g	200	1인용
11	위생지	식품용 (8절지)	장	10	1인용
12	제품상자	제품포장용	개	1	5인 공용

과정

1. 믹싱볼에 쇼트닝을 제외한 모든 재료를 넣고 저속으로 믹싱한다.

2. 클린업 단계에서 쇼트닝을 넣는다.

3. 발전단계

4. 반죽이 완료가 될수록 믹서 기볼이 깨끗하게 된다.

5. 최종단계가 될 때까지 진행한다.

6. 최종단계가 되면 반죽을 떼어 펴 본다.

7. 얇은 막이 형성되도록 천천히 펴 본다.

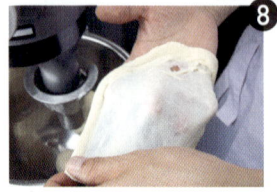
8. 최종단계 100%, 반죽온도 27℃

9. 반죽이 완료되면 믹싱볼에서 꺼내어 표면을 매끄럽게 둥글리기 하여 발효통 스텐볼 또는 플라스틱 사각통에 넣은 후 비닐을 덮어 발효실에 넣는다.

10.

11. 1차 발효(온도 27℃, 습도 75~80%)를 75~80분간 시킨다.

12. 반죽의 분할 무게는 250g×2이 1개가 되도록 한다.

13. 분할된 반죽은 다음 공정을 쉽게 할 수 있도록 일정한 모양으로 둥글리기를 한 후에 나무 판 위에서 15~20분간 반죽의 표피가 마르지 않도록 비닐을 덮어 중간발효를 진행한다. 중간 발효 후에는 분할 순서대로 정형을 한다.

14. 성형을 한다. 밀대를 이용하여 가스를 빼고 일정한 두께로 밀어 편다. 이때 과도한 덧가루는 털어낸다.

15. 밀어 편 반죽을 팬에 넣기 전에 모양과 길이를 맞추며 이음매를 단단하게 봉합하고 모양을 균형있게 한다.

⑯ 손바닥을 기준으로 크기가 일정하게 밀어 편다.

⑰ 팬은 1차 발효가 진행되는 동안에 팬을 깨끗이 닦아서 준비한 후에 정형이 완성 되면 반죽을 2개씩 5개를 패닝한 다음 가볍게 눌러준다.

⑱ 2차 발효(온도 35~40℃, 습도 85~90%)를 40~50분간 시킨다(시간보다 발효 상태를 확인한다).

TIP 식빵 틀 보다 1cm 정도로 낮게 발효한 후에 뚜껑을 덮고 오븐에서 넣고 굽는다. 팬의 모서리 직전까지 발효를 시켜야 하고 팬 위로 올라와서는 안 된다. – 뚜껑을 덮고 굽기 때문이다.

Tip

[제품평가]
❶ 부피는 빵의 내부 특성에도 중요한 영향을 주므로 분할 무게와 팬 용적에 알맞고 균일해야 한다.
❷ 완성품이 찌그러지지 않고 균일한 모양과 균형이 잘 잡혀야 한다.
❸ 껍질의 두께가 비교적 얇고 껍질의 색을 황금갈색으로 균일해야 하며, 바닥과 옆면에도 색이 나야 한다.
❹ 기공과 조직이 고르며 부드러워야 하며 밝은 색으로 줄무늬 등이 없어야 한다.
❺ 끈적거림이 없어야 하고, 생 재료 맛이 없고 타지 않아야 한다.

[굽기관리]
• 윗불 180℃, 아랫불 200℃에서 40~50분 정도 굽는다.
• 오븐 내의 온도 편차로 앞 뒤의 색이 다를 수 있으므로 팬의 위치를 바꾸어 준다.
• 오븐에서 꺼낸 후에는 바로 틀에서 빵을 빼고 냉각판에 넣고 식힌다.

[굽기상태]
❶ 전체가 잘 익어야 한다.
❷ 바닥과 옆면에도 적절한 색상이 나야 한다. 이유는 옆면의 색상이 나지 않을 경우 주저앉을 수 있다.

BAKING BREAD

시험시간 **4**시간

햄버거빵

요구사항 ≫ 햄버거빵을 제조하여 제출하시오.

① 배합표의 각 재료를 계량하여 재료별로 진열하시오 (10분).
② 반죽은 스트레이트법으로 제조하시오.
  (단, 유지는 클린업 단계에 첨가하시오.)
③ 반죽온도는 27℃를 표준으로 하시오.
④ 반죽 분할무게는 개당 60g으로 제조하시오.
⑤ 모양은 원반형이 되도록 하시오.
⑥ 반죽은 전량을 사용하여 성형하시오.

❖ 배합표

재료명	비율(%)	무게(g)
중력분	30	330
강력분	70	770
이스트	3	33
제빵개량제	2	22
소금	1.8	19.8(20)
마가린	9	99
탈지분유	3	33
달걀	8	88
물	48	528
설탕	10	110
계	184.8	2,032.8(2033)

수험자 유의사항

① 항목별 배점은 제조공정 60점, 제품평가 40점입니다.
② 시험시간은 재료계량시간이 포함된 시간입니다.
③ 안전사고가 없도록 유의합니다.
④ 의문 사항이 있으면 감독위원에게 문의하고, 감독위원의 지시에 따릅니다.
⑤ 다음과 같은 경우에는 채점대상에서 제외됩니다.

미완성	• 시험시간 내에 작품을 제출하지 못한 경우
기권	• 수험자 본인이 수험 도중 기권한 경우
실격	• 작품의 가치가 없을 정도로 타거나 익지 않은 경우 • 주요 요구사항(수량, 모양, 반죽제조법)을 준수하지 않았을 경우 • 지급된 재료 이외의 재료를 사용한 경우 • 시험 중 시설·장비의 조작 또는 재료의 취급이 미숙하여 위해를 일으킬 것으로 감독위원 전원이 합의하여 판단한 경우

지급재료목록 자격 종목 제빵 기능사

일련번호	재료명	규격	단위	수량	비고
1	밀가루	강력분	g	850	1인용
2	밀가루	중력분	g	360	1인용
3	설탕	정백당	g	121	1인용
4	소금	정제염	g	22	1인용
5	이스트	생이스트	g	60	1인용
6	제빵개량제	제빵용	g	25	1인용
7	마가린	제과제빵용	g	110	1인용
8	탈지분유	제과제빵용	g	36	1인용
9	달걀	60g (껍질포함)	개	3	1인용
10	식용유	대두유	ml	50	1인용
11	얼음	식용	g	200	1인용 (겨울철 제외)
12	위생지	식품용(8절지)	장	10	1인용
13	제품상자	제품포장용	개	1	5인 공용

과정들

1. 믹싱볼에 마가린을 제외한 모든 재료를 넣고 저속으로 믹싱한다.

2. 클린업 단계에서 마가린을 넣는다.

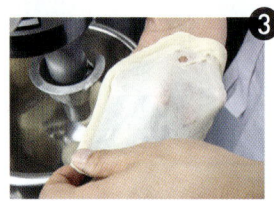
3. 최종단계(100%)까지 믹싱하고 반죽온도를 27℃로 맞추기(오차 ±1 만점)

4. 1차 발효(온도 27℃, 습도 75~80%)를 60분간 시킨다. 표면을 매끄럽게 둥글리기 하여 발효통(스텐볼 또는 플라스틱 사각통)에 넣은 후 비닐을 덮어 발효시킨다.

5. 전자저울을 사용하여 60g 씩 정확하게 계량하기

6. 최소한의 덧가루를 사용하여 분할하여 둥글리기를 한다.

7. 표면이 매끄러워지도록 둥글리기 한다.

8. 둥글리기가 완료된 반죽을 적절한 간격을 유지하여 나무판에 열을 맞추어 정렬한다.

9. 비닐이나 젖은 면포를 덮어 중간 발효시킨다(10~15분간).

10. 중간발효가 완료된 반죽을 가볍게 재둥글리기 하고 밑바닥을 잘 봉해 준다.

11. 봉해준 면을 바닥으로 향하게 하여 반죽을 돌려가며 큰 기포는 제거될 수 있도록 하며 밀어편다.

12. 지름 8cm 정도로 둥근모양으로 만든다(일정한 크기로 만드는 것이 중요).

13. 일정한 간격으로 패닝 후 2차 발효(온도 35~38℃, 습도 85%)를 30분 정도한다.

14. 윗불 190℃, 아랫불 160℃에서 12~15분 정도 굽는다(중간에 철판 돌려주기). 오븐의 위치에 따라 색이 달라지므로 중간에 한 번 위치를 바꿔주어 골고루 색이 나도록 한다.

POINT

1. 햄버거전용팬은 최종단계 후기(렛다운 단계)까지 반죽을 치지만 기능사시험에서는 평철판이 지급되므로 최종단계까지만 믹싱한다.
2. 60g씩 분할하여 둥글리기를 할 때 분할하는 도중에도 발효가 진행되므로 되도록 빨리 분할, 둥글리기를 마무리 한다.
3. 성형할 때에는 먼저 둥글리기가 완료된 순서대로 살짝 재 둥글리기를 하고 8cm의 직경이 되도록 밀어 편다.
4. 2차 발효는 가스가 최대치일 때까지 발효를 시켜야 빵이 납작하게 나오지 않으며 굽는 중간에 팬을 돌려주어 전체적인 균일한 색이 나오도록 한다.

BAKING BREAD

시험시간 **4**시간

호밀빵

요구사항 >>> 호밀빵을 제조하여 제출하시오.

1. 배합표의 각 재료를 계량하여 재료별로 진열하시오 (10분).
2. 반죽은 스트레이트법으로 제조하시오.
3. 반죽 온도는 25℃를 표준으로 하시오.
4. 표준분할무게는 330g으로 하시오.
5. 제품의 형태는 타원형(럭비공 모양)으로 제조하고, 칼집모양을 가운데 일자로 내시오.
6. 반죽은 전량을 사용하여 성형하시오.

❖ 배합표

재료명	비율(%)	무게(g)
강력분	70	770
호밀가루	30	330
이스트	2	22
제빵개량제	1	11
물	60~63	660~693
소금	2	22
황설탕	3	33
쇼트닝	5	55
분유	2	22
당밀	2	22
계	177~180	1947~1980

수험자 유의사항

1. 항목별 배점은 제조공정 60점, 제품평가 40점입니다.
2. 시험시간은 재료계량시간이 포함된 시간입니다.
3. 안전사고가 없도록 유의합니다.
4. 의문 사항이 있으면 감독위원에게 문의하고, 감독위원의 지시에 따릅니다.
5. 다음과 같은 경우에는 채점대상에서 제외됩니다.

미완성	• 시험시간 내에 작품을 제출하지 못한 경우
기권	• 수험자 본인이 수험 도중 기권한 경우
실격	• 작품의 가치가 없을 정도로 타거나 익지 않은 경우 • 주요 요구사항(수량, 모양, 반죽제조법)을 준수하지 않았을 경우 • 지급된 재료 이외의 재료를 사용한 경우 • 시험 중 시설·장비의 조작 또는 재료의 취급이 미숙하여 위해를 일으킬 것으로 감독위원 전원이 합의하여 판단한 경우

지급재료목록 [자격 종목: 제빵 기능사]

일련번호	재료명	규격	단위	수량	비고
1	밀가루	강력분	g	800	1인용
2	호밀가루	제빵용	g	350	1인용
3	이스트	생이스트	g	25	1인용
4	제빵개량제	제빵용	g	14	1인용
5	소금	정제염	g	25	1인용
6	황설탕		g	40	1인용
7	쇼트닝	제과제빵용	g	60	1인용
8	탈지분유	제과제빵용	g	25	1인용
9	당밀	식용	g	25	1인용
10	식용유	대두유	ml	50	1인용
11	얼음	식용	g	200	1인용
12	위생지	식품용(8절지)	장	10	1인용
13	제품상자	제품포장용	개	1	5인 공용

과정

1. 클린업 단계에서 쇼트닝을 넣고 발전단계(80%)까지 믹싱하여 반죽온도 25℃로 맞추기

2. 1차 발효(온도 25℃, 습도 75~80%)를 60분간 시킨다.

3. 스크레이퍼를 사용하여 전자저울에 330g씩 정확하게 계량하기

4. 반죽의 양이 많으므로 두 손을 이용하여 둥글리기 한다.

5. 완료된 반죽을 적절한 간격을 유지하여 판에 열을 맞추어 정렬하여 비닐을 덮고 10~15분간 중간발효를 시킨다.

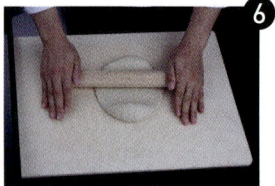
6. 중간 발효가 완료된 반죽을 작업대 바닥과 반죽에 덧가루를 적당히 묻혀가며 반죽을 밀어 편다.

7. 밀대를 이용하여 가운데를 기준으로 위, 아래로 밀어 편다.

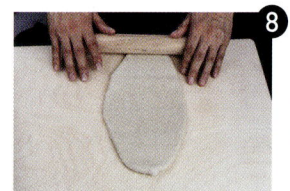
8. 밀대를 이용하여 반죽을 밀어 펼 때는 가볍게 가스를 빼주고 반죽의 넓이와 두께를 모두 일정하게 만들 수 있도록 한다.

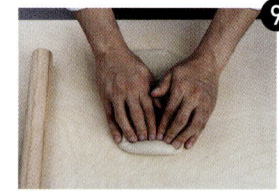
9. 거친면이 표면으로 윗면으로 올라오게 한 뒤 위에서부터 말아 타원형으로 만든다.

10. 가운데가 도톰한 형태의 모양으로 만든다(럭비공모양).

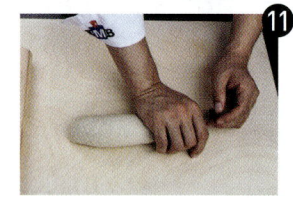
11. 이음매가 뒤틀리지 않고 일자가 되도록 이음매를 잘 붙인다.

12. 평철판에 3개씩 패닝 후 2차 발효(온도 32~35℃, 습도 85%)를 한다.

13. 2차발효는 충분히 하는 것이 좋다.

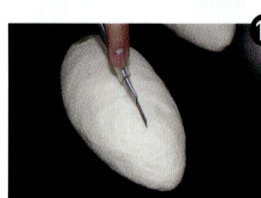
14. 일자형으로 칼집을 내준다.

❶❺ 0.2~0.3cm 깊이로 칼집을 내도록 한다.

❶❻ 윗불 180℃, 아랫불 170℃에서 30분간 굽기(중간에 한번 돌려주기)
오븐의 위치에 따라 색이 달라지므로 중간에 한번 위치를 바꿔주어 골고루 색이 나도록 한다.

POINT

1. 발전단계 중간까지만 반죽한다(80%).
2. 호밀가루는 글루텐형성 단백질이 적어 반죽의 힘이 약하므로 작업시 표피가 터지지 않도록 주의한다.
3. 성형할 때 너무 세게 말면 터질 수 있으므로 주의한다.
4. 굽기시간이 긴 빵들은 밑색이 진하게 나올 수 있으므로 중간에 돌려주면서 바닥색도 스크래퍼를 이용하여 살짝 들어 확인하도록 한다. 만약에 색이 진하게 나올 것 같다면 한 장의 철판을 더 깔아준다.

통밀빵

요구사항 ≫ 통밀빵을 제조하여 제출하시오.

❶ 배합표의 각 재료를 계량하여 재료별로 진열하시오 (10분).
  - (토핑용) 오트밀은 계량시간에서 제외한다.
❷ 반죽은 스트레이트법으로 제조하시오.
❸ 반죽 온도는 25℃를 표준으로 하시오.
❹ 표준분할무게는 100g으로 하시오.
❺ 제품의 형태는 밀대(봉)형(22~23cm)으로 제조하고, 표면에 오트밀을 묻힌다(윗면에 충분히).
❻ 반죽은 전량을 사용하여 성형하시오.

❖ 배합표

재료명	비율(%)	무게(g)
강력분	80	800
통밀가루	20	200
이스트	2.5	25
제빵개량제	1	10
물	63~65	630~650
소금	1.5	15
설탕	3	30
버터	7	70
분유	3	30
몰트액	1.5	15
계	184.5	1,845

※ 토핑용 재료는 계량시간에서 제외

(토핑용) 오트밀	-	200g

수험자 유의사항

❶ 항목별 배점은 제조공정 60점, 제품평가 40점입니다.
❷ 시험시간은 재료계량시간이 포함된 시간입니다.
❸ 안전사고가 없도록 유의합니다.
❹ 의문 사항이 있으면 감독위원에게 문의하고, 감독위원의 지시에 따릅니다.
❺ 다음과 같은 경우에는 채점대상에서 제외됩니다.

미완성	• 시험시간 내에 작품을 제출하지 못한 경우
기권	• 수험자 본인이 수험 도중 기권한 경우
실격	• 작품의 가치가 없을 정도로 타거나 익지 않은 경우 • 주요 요구사항(수량, 모양, 반죽제조법)을 준수하지 않았을 경우 • 지급된 재료 이외의 재료를 사용한 경우 • 시험 중 시설·장비의 조작 또는 재료의 취급이 미숙하여 위해를 일으킬 것으로 감독위원 전원이 합의하여 판단한 경우

지급재료목록 [자격 종목: 제빵 기능사]

일련번호	재료명	규격	단위	수량	비고
1	밀가루	강력분	g	800	1인용
2	통밀가루	제빵용	g	200	1인용
3	이스트	생이스트	g	25	1인용
4	제빵개량제	제빵용	g	10	1인용
5	소금	정제염	g	15	1인용
6	설탕		g	30	1인용
7	버터	제과제빵용	g	70	1인용
8	탈지분유	제과제빵용	g	30	1인용
9	몰트액	식용	g	15	1인용
10	오트밀	제과제빵용	g	200	1인용
11	얼음	식용	g	200	1인용
12	위생지	식품용(8절지)	장	10	1인용

과정

1. 물과 몰트액은 미리 섞어 둔다.

2. 믹싱볼에 모든 재료를 넣고 저속으로 믹싱한다.

3. 클린업단계에서 버터를 넣고 중속으로 돌린다.

4. 최종단계초기(90%)까지 믹싱한다(반죽온도 25℃).

5. 발효통이나 스텐볼에 넣어 1차 발효(온도 25℃, 습도 75~80%)시킨다.

6. 1차발효가 끝난 반죽을 꺼내어 스크레이퍼를 사용하여 전자저울에 80g씩 정확하게 계량한다.

7. 덧가루의 사용을 최소화하고 분할한 반죽을 매끄러워지도록 바닥에서 둥글리기 한다.

8. 손바닥위에 올려 둥글리기를 한다.

9. 손바닥위에서 둥글리기 완성한 모습

10. 둥글리기가 완료된 반죽은 순서대로 나무판에 열을 맞추어 정렬하여 비닐을 덮어 10~15분간 중간발효를 시킨다.

11. 둥글리기한 반죽(80g)을 반죽을 눌러 가스를 빼고 밀대로 위아래로 밀어준다.

12. 3단 접기방법으로 말아준다.

13. 12~13cm 정도의 막대형으로 만든다.

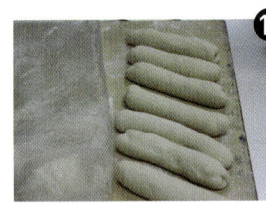
14. 6~7개씩 만들어 순서대로 나열한다.

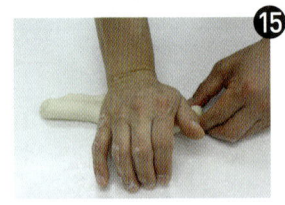
15. 약간의 휴지가 된 반죽을 다시 제시된 길이(22~23cm)로 만들어 이음매를 잘 꼬집어 준다.

16. 먼저 만든 순서대로 나열하여 스프레이를 이용하여 물을 골고루 뿌려준다.

⑰ 물칠한 곳에 오트밀을 묻힌다.

⑱ 한바퀴 굴려 골고루 오트밀을 묻힌다(오트밀의 양을 적절하게 묻힌다).

⑲ 이음새가 바닥에 오도록 하여 패닝하고 2차 발효시킨다(온도 35℃, 습도 75~80%).

⑳ 2차 발효가 완료되어 굽기 전에 미리 물을 뿌려준다.

㉑ 오븐에 넣어 굽기 전에 스팀을 만들어 준다.

㉒ 윗불 190~180℃, 아랫불 180℃에서 15~20분 정도 굽기(중간에 철판 돌려주기) 오븐의 위치에 따라 색이 달라지므로 중간에 한번 위치를 바꿔주어 골고루 색이 나도록 한다.

㉓ 굽기가 끝난 제품은 식힌 후 위생지에 옮겨 제출한다.

POINT

1. 길게 밀어 펴는 반죽은 중간사이즈로 밀어주고 약간의 휴지를 시킨 후 밀어편 순서대로 다시 원하는 길이로 밀어야 표피가 터지지 않는다.
2. 물을 뿌릴 때 충분히 뿌려주어야 오트밀을 꼼꼼하게 묻힐 수 있다.
3. 이음매를 잘 꼬집어 터지지 않도록 주의한다.
4. 스팀을 주어야 할 때는 빵과 오븐바닥에 스프레이를 이용하여 물을 뿌려준다.
5. 오트밀의 양이 여유가 없으므로 너무 많이 묻히지 않도록 주의한다.
6. 총 18개가 나오므로 오븐에 맞게 패닝하여 발효실에 넣는다.

BAKING BREAD

시험시간 4시간 30분

페이스트리식빵

요구사항 ≫ 페이스트리식빵을 제조하여 제출하시오.

❶ 배합표의 각 재료를 계량하여 재료별로 진열하시오(10분).
❷ 반죽을 스트레이트법으로 제조하시오.
　(단, 유지는 클린업 단계에 첨가하시오.)
❸ 반죽 온도는 20℃를 표준으로 하시오.
❹ 접기와 밀기는 3겹, 접기는 3회 하시오.
❺ 트위스트형(세가닥 엮기)으로 성형하시오.
❻ 반죽은 전량을 사용하여 성형하시오.

❖ **배합표**

재료명	비율(%)	무게(g)
강력분	75	825
중력분	25	275
물	44	484
이스트	6	66
소금	2	22
마가린	10	110
계란	15	165
설탕	15	165
탈지분유	3	33
제빵개량제	1	11
계	196	2,165

※ 충전용 재료는 계량시간에서 제외

파이용 마가린	총 반죽의 30%	646.8(647)

 수험자 유의사항

❶ 시험시간은 재료계량시간이 포함된 시간입니다
❷ 안전사고가 없도록 유의합니다.
❸ 의문 사항이 있으면 감독위원에게 문의하고, 감독위원의 지시에 따릅니다.
❹ 다음과 같은 경우에는 채점대상에서 제외됩니다.

미완성	• 시험시간 내에 작품을 제출하지 못한 경우
기권	• 수험자 본인이 수험 도중 기권한 경우
실격	• 작품의 가치가 없을 정도로 타거나 익지 않은 경우 • 주요 요구사항(수량, 모양, 반죽제조법)을 준수하지 않았을 경우 • 지급된 재료 이외의 재료를 사용한 경우 • 시험 중 시설·장비의 조작 또는 재료의 취급이 미숙하여 위해를 일으킬 것으로 감독위원 전원이 합의하여 판단한 경우

 지급재료목록 　자격 종목　제빵 기능사

일련번호	재료명	규격	단위	수량	비고
1	밀가루	강력분	g	908	1인용
2	밀가루	중력분	g	303	1인용
3	이스트	생이스트	g	72	1인용
4	소금	정제염	g	24	1인용
5	설탕	정백당	g	180	1인용
6	마가린	제과제빵용	g	120	1인용
7	파이용 마가린	제과제빵용	g	706	1인용
8	탈지분유	제과제빵용	g	36	1인용
9	달걀	60g(껍질포함)	개	5	1인용(계란칠 포함)
10	제빵개량제	제과 제빵용	g	12	1인용
11	위생지	식품용(8절지)	장	10	1인용
12	제품상자	제품포장용	개	1	5인 공용
13	얼음	식용	g	200	1인용(겨울철 제외)

과정

1. 믹싱볼에 마가린을 제외한 모든 재료를 넣고 믹싱한다.

2. 클린업 단계에서 마가린을 넣어 중속으로 믹싱한다.

3. 발전단계(80%)까지 믹싱한다(20℃±1). (이때 반죽온도를 맞추기 위해 얼음사용은 필수이다)

4. 반죽을 꺼내어 부드럽게 둥글리기 한다.

5. 윗면을 칼로 십자형태로 잘라 준다.

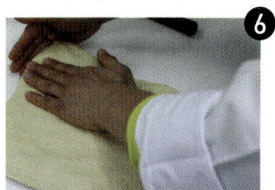
6. 사방으로 벌려주어 정사각형으로 만든다.

7. 비닐에 싸서 냉장 휴지시킨다(충전용 유지의 크기에 맞게 최대한 넓게 밀어 약 30분간 냉장 휴지한다).

7-1 냉장휴지 동안 파이용 마가린 되기 조절한다. 비닐에 넣어 밀대로 살짝 누르며 부드럽게 하며 비닐에 싸서 일정한 두께의 정사각형이 되도록 한다.

8. 냉장 휴지된 반죽을 꺼내어 정사각형 모양으로 밀어 펴고 미리 준비한 충전용 유지를 반죽 위에 놓았을 때 감쌀 수 있을 정도의 크기로 민다.

9. 밀대로 사면의 모서리를 밀어 덧가루를 털어내고 충전용 유지를 한 겹씩 덮어준 후 이음매를 잘 봉하여 충전용 유지가 나오지 않도록 잘 감싸 꼬집어 준다.

10. 충전용 유지를 싼 반죽을 뒤집어 충전용 유지가 안에서 반죽과 잘 붙도록 골고루 잘 눌러준다.

11. 손바닥과 밀대를 이용하여 밀기 전에 충전된 유지가 골고루 퍼질 수 있도록 골고루 눌러준다.

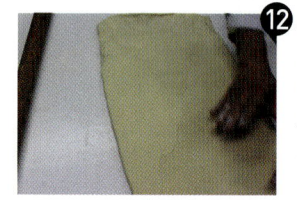
12. 손으로 모양을 잡아가며 충전용 유지를 싼 반죽을 밀대로 가운데→위→아래쪽으로 눌러가면서 충전용 유지와 반죽을 밀착시키고 크기를 천천히 늘려 준다.

13. 반죽을 세로 방향으로 3절 접기를 위해 처음 크기보다 3배 정도 밀어 준다.

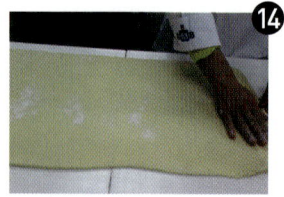
14. 반죽의 미는 방향과 앞뒤를 바꾸면서 반죽을 넓고 크게 밀어펴도록 한다.

15. 붓을 이용하여 반죽에 묻은 덧가루를 제거한다.

⑯ 반죽의 1/3을 접어 3겹으로 겹쳐 준다.

⑰ 접은 부분의 덧가루를 털어주며 끝부분은 모서리까지 살짝 당겨 가능한 직사각형이 되도록 한다.

⑱ 3단 접기가 완성되면 비닐에 씌운 후 팬에 옮겨 30분간 냉장 휴지시킨다(3절 3회).
⑫~⑱(2회 반복)밀어펴고 3절 접기 후 냉장휴지 30분 (2회실시)
제시된 팬의 크기에 맞게 3단꼬기(머리땋기)로 정형하기

⑲ 주어진 팬보다 3~5cm 정도 크게 폭을 만든다(길이 26cm일 때 30cm정도 길이).

⑳ 주어진 팬의 개수에 맞게 3개를 한쌍으로 자른다.

㉑ 폭4cm 정도로 3개씩 잘라 한 쌍으로 머리땋기를 한다.

㉒ 결이 눌리지 않도록 하여 머리땋기를 한다.

㉓ 끝부분이 풀리지 않도록 잘 붙인다.

㉔ 제시된 팬에 넣어 2차 발효 시킨다(온도 : 28~33℃, 습도 : 75~80%).

㉕ 2차 발효 완성

㉖ 윗불 180℃, 아랫불 170℃에서 40분간 굽기(고른색을 위해 중간에 한번 돌려준다.)

POINT

1. 얼음물을 사용하여 반죽온도 20℃를 맞춘다.
2. 냉장고에 휴지를 할 때 최대한 넓은 정사각형이 되도록 한다.
3. 충전용 유지와 반죽의 되기가 비슷해야 한다.
4. 밀어펴면서 글루텐이 발전하므로 발전단계까지 믹싱한다.
5. 반죽을 밀어 펴 3단 접기를 할 때마다 사용된 덧가루를 잘 떨어내어야 한다.
6. 접기하여 냉장고에 30분정도 휴지를 할 때 최대한 넓게 만들어 휴지를 하면 좋다.
7. 성형할 때 제시된 팬의 길이보다 5cm정도 길게 하여 잘라주면 좋다(약 30cm).
8. 2차 발효 온도와 습도는 비교적 낮추어야 한다. 높으면 유지가 녹아 흘러나오므로 주의한다.
9. 오븐에서 색이 날 때 까지 문을 열어보지 않도록 한다.
10. 성형모양은 감독관의 지시에 철저히 따르도록 한다.
11. 윗불 180℃, 아랫불 170℃에서 20~25분간 굽는다. 오븐의 위치에 따라 색이 달라지므로 중간에 색이 나면 한번 위치를 바꿔주어 온도를 180/160℃정도 낮추어 15~20분간 골고루 색이 나도록 한다.

www.j1j.co.kr

|주|제이원제이 코리아

최고의 기술을 자랑하기보다 최상의 품질을 위해 노력하는
장인정신의 마음으로여러분과 함께합니다.

제이원제이를 만나는 순간 여러분은 진정한 프로가 됩니다.

베이킹마트는
세계적인 베이커리 기업의 한국파트너입니다.

베이킹마트 오프라인매장
04780 서울 성동구 뚝섬로 3길 8
TEL : 02) 3409-4417~8 **FAX** : 02) 499-2374
www.bakingmart.co.kr

(주)제이원제이 코리아 / J1J KOREA
04780 서울 성동구 뚝섬로 3길 8   **TEL** : 02) 464-5190~1   **FAX** : 02) 499-2374
8, Ttukseom-ro 3-gil, Seongdong-gu, Seoul, 04780 Korea   **TEL** : +82-2-464-5190~1   **FAX** : +82-2-499-2374
www.j1j.co.kr   E-mail : j1j@j1j.co.kr

제과제빵 전문 브랜드

silpan

실팬 _ 베이커리의 모든것!

SILPAN
PRODUCTS CATALOGUE

Machinery / 기기	2
Bread Sheet / 빵판	7
Bread Pan / 식빵팬	8
Cookie Sheet / 과자판	9
Cake Pan / 케익팬	12
Cookie Mould / 과자형틀	14
Bakery Tool / 소도구	16
Display / 진열상품	23

J1J
|주|제이원제이 코리아